# 前　言

习近平总书记在全国教育大会上强调，各级党委和政府要为学校办学安全托底，解决学校后顾之忧，维护老师和学校应有的尊严，保护学生生命安全。

为贯彻落实全国教育大会精神，完善学校安全事故预防与处理机制，形成依法依规、客观公正、多元参与、部门协作的工作格局，依法杜绝"校闹"，为学校（含幼儿园）办学安全托底，解决学校后顾之忧，教育部、最高人民法院、最高人民检察院、公安部、司法部等五部门于2019年6月25日联合出台了《关于完善安全事故处理机制 维护学校教育教学秩序的意见》（以下简称《意见》）。《意见》针对以往学校安全事故处置中的一些焦点和难点问题，尤其是"校闹"问题，构建了从加强预防、减少事故，完善程序、妥善处理纠纷，到严格执法、依法惩治"校闹"行为，再到多部门合作、形成共治格局的完整治理体系。

《意见》进一步完善了学校安全制度体系。自2002年教育部发布《学生伤害事故处理办法》以来，教育部相继出台了《中小学幼儿园安全管理办法》等规章，各级教育行政部门和各级各类学校依法预防与处理学生校园伤害事故的能力有了显著提高。2017年，国务院办公厅出台《关于加强中小学幼儿园安全风险防控体系建设的意见》，明确了各级政府及政府有关部门，以及中小学、幼儿园在安全风险防控方面的职责和要求。《意见》补齐了学校安全工作中依法应对"校闹"的短板，进一步明确了法院、检察院、公安等相关部门的职责，其中的规定既具有针对性，又具有可操作性，完善了学校安全管理的制度体系。

  但是，应当看到，好的制度要转化为切实有效的举措，还需要付出艰苦的努力。学校安全事故具有的多样性、复杂性、突发性和高利害性的特点，使得各级各类学校不仅需要熟悉制度规定，还要掌握具体运用的流程、办法和应对举措。为了帮助教育行政部门和学校学习、理解、落实《意见》，进一步完善学校安全风险防控体系建设，提升学校安全工作的质量，增强有效防范安全事故、依法处置学校安全事故的能力，教育部政策法规司和中国教育科学研究院组织全国相关领域的专家编写了本书。本书的编写体现了理论与实践相结合的思路，以《意见》为基础，以有关法律法规和政策文件为依据，结合学校安全领域的理论成果和实践中的典型经验，目的是为教育部门和学校做好安全工作提供可操作、可复制的工作思路、办法、流程和指南，保证《意见》的制度规定能够在实践中更有效地被理解和执行。

教育部政策法规司　中国教育科学研究院<br/>
2022 年 6 月

# 目录 CONTENTS

## 第一章　健全学校安全事故预防与处置机制　/ 001

第一节　学校安全风险防控体系的建立　/ 002

第二节　学校安全事故预防机制的完善　/ 007

第三节　学校安全事故应急处置的程序　/ 023

第四节　学校安全事故处理的法律服务　/ 032

第五节　学校安全事故处理的赔偿机制　/ 038

## 第二章　依法处理学校安全事故纠纷　/ 045

第一节　学校安全事故纠纷处理原则　/ 046

第二节　学校安全事故处理法律依据　/ 051

第三节　学校安全事故相关法律责任　/ 058

第四节　学校安全事故处理证据收集　/ 071

第五节　学校安全事故纠纷协商机制　/ 075

第六节　学校安全事故纠纷调解制度　/ 084

第七节　学校安全事故诉讼法律制度　/ 090

## 第三章　依法处置"校闹"行为 / 103

第一节　"校闹"行为的表现形式 / 104

第二节　"校闹"行为的处置方式 / 107

第三节　"校闹"行为的法律责任 / 117

## 第四章　学校安全事故处理的协同配合机制 / 123

第一节　学校及周边安全风险防控机制 / 124

第二节　学校安全事故处置的舆情应对 / 128

第三节　学校安全事故处置的社会环境 / 133

第四节　学校安全工作的部门协调机制 / 138

## 附　录 / 143

附录1　教育部等五部门关于完善安全事故处理机制 维护学校教育教学秩序的意见 / 144

附录2　国务院办公厅关于加强中小学幼儿园安全风险防控体系建设的意见 / 150

附录3　学生伤害事故处理办法 / 159

附录4　中小学幼儿园安全管理办法 / 166

# 第一章

## 健全学校安全事故预防与处置机制

# 第一节
# 学校安全风险防控体系的建立

## 一、学校安全风险防控体系的概念

长期以来，党中央、国务院和地方各级党委、政府高度重视学校安全工作，采取了一系列措施维护学校及周边安全，学校安全形势总体稳定。但是，受各种因素影响，学校安全工作还存在相关制度不完善、不配套，预防风险、处理事故的机制不健全、意识和能力不强等问题。为进一步加强和改进学校安全工作，2017年4月25日，国务院办公厅颁布了《关于加强中小学幼儿园安全风险防控体系建设的意见》，就建立健全学校安全风险防控体系作出了具体的规定。

学校安全风险防控体系是指学校针对有可能发生的安全事故进行的所有预防、应急和恢复措施，按照一定逻辑和联系形成的工作体系。这里我们需要把握以下几点：首先，学校安全风险防控体系的实施主体是学校；其次，学校安全风险防控体系的对象是有可能发生的安全事故；再次，学校安全防控体系是由预防、应急和恢复三个子系统组成的；最后，学校安全风险防控体系是一个工作体系，即它是一个由若干部分组成的整体。

从学校内部讲，需要建立起一套系统、完善、科学、有效的工作体系，以最大限度地保障学校学生和教职工的安全；从学校外部讲，还需要政府的规范、监管，家庭和社会的积极参与、主动配合。

## 二、学校安全工作的特点

完善学校安全风险防控体系，应当对学校安全工作的特点有正确的认识，把握学校安全工作的特点。

### （一）学校安全风险的集中性

近些年，我国的学校安全工作有了极大的提高，学生[①]安全事故的发生率极大降低。但是我们应当注意到，学校是安全事故的高风险地区。首先，学校是人员密集场所，一旦发生意外，很容易造成严重后果，因此学校是安全事故高发地区。其次，学生基本都属于未成年人，自我保护能力差，安全认知能力有限，同时又活泼好动、冲动冒险，这就决定了学生自身就是安全事故高发人群。另外，学校开设的体育课、开展的校外活动等也具有安全事故高发的特点。以上几点决定了学校安全风险的集中性。

### （二）学校安全风险的必然性

学校安全风险的集中性决定了学校安全风险是客观存在的。没有哪一所学校是不存在安全风险的，即使学校内部管理到位、安全防范周全，可以杜绝责任事故，但仍存在着自然灾害、意外事故等风险因素。大量的案例证明，只要学校存在发生安全事故的可能性，学校就会发生安全事故，只不过是时间早晚的问题。所以学校一定要高度重视安全工作，不仅要做好校内安全防范，还要做好事故发生后及时、妥当应对与处置的准备。

### （三）学校安全事故的多样性

学校可能发生的安全事故类型是多种多样的，具体表现为教学事故、交通事故、食物中毒事故、消防事故、校园欺凌事故等。这些事故既有人

---

① 本书中的学生是指中小学和幼儿园学生，学校是指中小学和幼儿园。

为事故,也有自然灾害;既有发生在校园内的,也有发生在校园外的;既有故意或过失引发的,也有无过错方的意外事故;既有教师造成的,也有学生造成的,还有校外第三人造成的;既有人身伤害事故,还有财产损失事故;等等。

（四）学校安全工作的复杂性

学校安全事故的多样性决定了学校安全工作的复杂性。首先,从事故隐患上看,学校有可能发生的事故是多种多样的。其次,从事故防范上看,学校防范事故发生的措施也涵盖人防、物防、技防等多个层面。最后,从安全管理上看,安全事故的复杂性要求学校必须建立科学、系统、有效的安全管理模式,才能有效防范和应对安全事故的发生。

（五）学校安全责任的有限性

习近平总书记在2018年全国教育大会上指出:各级党委和政府要为学校办学安全托底,解决学校后顾之忧,维护老师和学校应有的尊严,保护学生生命安全。近些年来,一些人认为只要学生在学校发生了安全事故,学校就要承担民事赔偿等法律责任,这是极其错误的看法。根据2021年1月1日起实施的《中华人民共和国民法典》（简称《民法典》）等法律法规,学校安全事故发生后,学校的相关法律责任是有限的。例如,在一般情况下,只有在学校未尽到教育、管理和保护义务的情况下,才能要求学校承担安全事故的民事责任。所以,对于学生发生安全事故后的追责,一定要依据相关的法律法规,学校确有责任的,要积极主动、依法进行赔偿;学校无责任的,应当澄清事实,进行解释说明,坚守底线。

从上述学校安全工作的几个特点我们可以看出,中小学校安全事故的风险是客观存在且不可能完全避免的。这意味着学校要高度重视安全问题,时时树立风险意识。但是如果因噎废食,就会走到另一个极端——以牺牲学生身心正常发展为代价换取学校的安全。因此,我们既要高度重视学生安全,也要保障学校正常开展必要的、合理的、有益的教育教学活动,解除学校的后顾之忧。否则，即便学校安全事故发生率降下来了，但是牺牲了未成年学生的身心健康、牺牲了国家的长远国际竞争力，也是得不偿失的。

## 三、学校安全风险防控体系的原则

（一）统筹协调、综合施策

将学校安全作为公共安全和社会治安综合治理的重要内容，加强组织领导和协调配合，充分发挥政府、学校、家庭、社会各方面的作用，运用法律、行政、社会服务、市场机制等各种方式，综合施策、形成合力。

（二）以人为本、全面防控

将可能对学生身心健康和生命安全造成影响的各种不安全因素和风险隐患全面纳入防控范畴，科学预防、系统应对、不留死角。

（三）依法治理、立足长效

突出制度建设的根本性和重要性，依据法治原则和法律规定，做好顶层设计，依法明确各方主体权利、义务与职责，形成防控学校安全风险的长效机制。

（四）分类应对、突出重点

坚持问题导向，根据不同区域、地方以及不同层次、类型学校的实际情况，区分风险的类型和特点，有针对性地构建安全风险防控机制，集中解决群众关心、社会关注的校园安全问题。

## 四、学校安全风险防控体系的构成

从实践上看,学校安全风险防控体系可分为三个层面,即学校安全预防体系、学校安全应急体系和学校安全恢复体系(见表1-1)。

(一)学校安全预防体系

学校安全预防体系,就是学校在事故发生之前通过周密的准备,将事故隐患消灭在萌芽状态的安全管理体系。实践证明,科学有效的预防工作可以避免绝大部分的学校安全事故。

(二)学校安全应急体系

学校安全应急体系,就是学校在事故发生时通过及时、妥当的应对,将事故损失降低到最小的安全管理体系。学校安全预防工作做得再好,学校还是有发生事故的可能性。所以,及时妥当的应急处置能力就是减少事故损失的重要保障。

(三)学校安全恢复体系

学校安全恢复体系,就是学校在事故发生以后通过科学、有效的处理,将事故所造成的负面影响降到最小,同时使学校的教育教学恢复到事发之前状态的安全管理体系。很多案例证明,一些学校在事故发生后在媒体应对、心理辅导等方面的工作不到位,造成了后期处置时的不良影响。

表1-1 学校安全风险防控体系的构成

|  | 学校安全预防体系 | 学校安全应急体系 | 学校安全恢复体系 |
| --- | --- | --- | --- |
| 时间 | 事故发生之前 | 事故正在发生 | 事故已经结束 |
| 背景 | 事故难以避免 | 事故不幸发生 | 损失已经形成 |
| 途径 | 通过妥善预防 | 通过妥当应对 | 通过妥当处理 |
| 作用 | 降低事故可能 | 损失降到最小 | 减少后续影响 |

值得注意的是，学校安全工作体系的三个组成部分虽然是在学校安全事故发生的不同阶段发挥作用的，但是其体系的建构在事故发生之前就已完成。例如，学校安全应急体系是在事故发生之时发挥作用的，但其必须在事故发生之前就已经准备妥当。图1-1是这三个体系在学校安全工作中的流程图。

图1-1 学校安全风险防控体系流程图

# 第二节
# 学校安全事故预防机制的完善

学校安全事故预防从方法上讲有三种基本的手段，即人防、物防和技防。从学校安全事故预防具体的工作内容来看，学校安全事故预防包括组建学校安全组织、完善学校安全制度、开展学校安全检查、加强学校安全教育、保障学校安全设施等具体内容。

# 一、组建学校安全组织

学校应当建立起"横向到边、纵向到底"的安全管理体系。"横向到边"是指学校安全每一项具体的工作都应当有明确的责任人;"纵向到底"是指学校每一个人都具有自己的安全责任。

2006年,教育部等十部委颁布的《中小学幼儿园安全管理办法》第十六条规定:"学校应当建立校内安全工作领导机构,实行校长负责制;应当设立保卫机构,配备专职或者兼职安全保卫人员,明确其安全保卫职责。"在教育部基础教育司发布的《中小学校岗位安全工作指导手册》中,规定了学校四十个具体工作岗位的安全职责,这些规定为中小学建立学校安全组织、落实安全责任提供了有效的依据。

# 二、完善学校安全制度

学校安全制度是指在学校运行过程中,为了能将人员伤亡或财产损失控制在人们可接受的水平状态而制定出的用以规范学校安全管理相关人员行为的规则。按照《中小学幼儿园安全管理办法》及其他规定,学校应当建立以下安全制度。

(一)门卫制度

学校应当健全门卫制度,建立校外人员入校的登记或者验证制度,禁止无关人员和校外机动车入内,禁止将非教学用易燃易爆物品、有毒物品、动物和管制器具等危险物品带入校园。学生在校期间,对校园实行封闭化管理,并根据条件在校门口设置硬质防冲撞设施,阻止人员、车辆等非法进入校园。学校门卫应当由专职保安或者其他能够切实履行职责的人员担任。

**（二）校内安全定期检查制度**

学校应当建立校内安全定期检查制度和危房报告制度，按照国家有关规定安排对学校建筑物、构筑物、设备、设施进行安全检查、检验；发现存在安全隐患的，应当停止使用，及时维修或者更换；维修、更换前应当采取必要的防护措施或者设置警示标志。学校无力解决或者无法排除的重大安全隐患，应当及时书面报告主管部门和其他相关部门。学校应当在校内楼顶、水池、楼梯等易发生危险的地方设置警示标志或者采取防护设施。

**（三）消防安全制度**

学校应当落实消防安全制度和消防工作责任制，对于政府保障配备的消防设施和器材加强日常维护，保证其能够有效使用，并设置消防安全标志，保证疏散通道、安全出口和消防车通道畅通。

**（四）水电气安全管理制度**

学校应当建立用水、用电、用气等相关设施设备的安全管理制度，定期进行检查或者按照规定接受有关主管部门的定期检查，发现老化或者损毁的，及时进行维修或者更换。

**（五）食堂卫生制度**

学校应当严格执行《学校食品安全与营养健康管理规定》《餐饮业和学生集体用餐配送单位卫生规范》，严格遵守卫生操作规范。建立食堂物资定点采购和索证、登记制度与饭菜留验和记录制度，检查饮用水的卫生安全状况，保障师生饮食卫生安全。

**（六）实验室管理制度**

学校应当建立实验室安全管理制度，并将安全管理制度和操作规程置于实验室显著位置。学校应当严格建立危险化学品、放射物质的购买、保管、使用、登记、注销等制度，保证将危险化学品、放射物质存放在安全地点。

### (七）卫生保健制度

学校应当按照国家有关规定配备具有从业资格的专职医务（保健）人员或者兼职卫生保健教师，购置必需的急救器材和药品，保障对学生常见病的治疗，并负责学校传染病疫情及其他突发公共卫生事件的报告。有条件的学校，应当设立卫生（保健）室。新生入学应当提交体检证明，有特异体质的学生在入学时要求家长提交书面告知书。托幼机构与小学在入托、入学时应当查验预防接种证。学校应当建立学生健康档案，组织学生定期体检，体检结果要及时反馈给学生和家长。

### （八）学生安全信息通报制度

学校应当建立学生安全信息通报制度，将学校规定的学生到校和放学时间、学生非正常缺席或者擅自离校情况，以及学生身体和心理的异常状况等关系学生安全的信息，及时告知其监护人。对有特异体质、特定疾病或者其他生理、心理状况异常以及有吸毒行为的学生，学校应当做好安全信息记录，妥善保管学生的健康与安全信息资料，依法保护学生的个人隐私。同时要告知家长应当将涉及学生安全的信息及时反馈给学校或老师，以便实现家校对学生的一体保护。

### （九）住宿学生安全管理制度

有寄宿生的学校应当建立住宿学生安全管理制度，配备专人负责住宿学生的生活管理和安全保卫工作。学校应当对学生宿舍实行夜间巡查、值班制度，并针对女生宿舍安全工作的特点，配备女性管理人员，加强对女生宿舍的安全管理。学校应当采取有效措施，保证学生宿舍的消防安全。

### （十）校车管理制度

有校车或者有学生乘坐校车的学校，必须严格遵守《校车安全管理条例》的有关规定。实现车辆符合相关要求、司机和随车管理人员符合相关要求、运行和管理符合相关要求。特别要防止将学生遗忘在车辆上的事件发生。2020年修订的《中华人民共和国未成年人保护法》（简称《未成年人保护法》）也对校车管理作出了规定：使用校车的学校、幼儿园应当建立健全校车安全管理制度，配备安全管理人员，定期对校车进行安全检查，对校车驾驶人进行安全教育，并向未成年人讲解校车安全乘坐知识，培养未成年人校车安全事故应急处理技能。

（十一）安全工作档案制度

学校应当建立安全工作档案，记录日常安全工作、安全责任落实、安全检查、安全隐患消除、安全教育等情况。安全档案是实施安全工作目标考核、责任追究和事故处理的重要依据。

（十二）教学安全制度

学校在日常的教育教学活动中应当遵循教学规范，落实安全管理要求，合理预见、积极防范可能发生的风险。学校组织学生参加的集体劳动、教学实习或者社会实践活动，应当符合学生的心理、生理特点和身体健康状况。学校以及接受学生参加教育教学活动的单位必须采取有效措施，为学生活动提供安全保障。在风险可控的前提下，学校应当积极组织体育锻炼、户外活动等，培养学生强健的体魄。

（十三）大型集体活动安全制度

学校组织学生参加大型集体活动，应当采取下列安全措施：成立临时的安全管理组织机构；有针对性地对学生进行安全教育；安排必要的管理人员，明确所负担的安全职责；制定安全应急预案，配备相应设施。

（十四）体育活动安全制度

学校应当按照《学校体育工作条例》和教学计划组织体育教学和体育活动，并根据教学要求采取必要的保护和帮助措施。学校组织学生开展体育活动，应当避开主要街道和交通要道；开展大型体育活动以及其他大型学生活动，必须经过主要街道和交通要道的，应当事先与公安机关交通管理部门共同研究并落实安全措施。

### （十五）上下学与家长的交接制度

小学、幼儿园应当建立低年级学生、幼儿上下学时接送的交接制度，不得将晚离学校的低年级学生、幼儿交与无关人员。

### （十六）预防性骚扰制度

《民法典》第一千零一十条规定了性骚扰的法律责任，并在第二款规定，机关、企业、学校等单位应当采取合理的预防、受理投诉、调查处置等措施，防止和制止利用职权、从属关系等实施性骚扰。《未成年人保护法》第四十条规定：学校、幼儿园应当建立预防性侵害、性骚扰未成年人工作制度。对性侵害、性骚扰未成年人等违法犯罪行为，学校、幼儿园不得隐瞒，应当及时向公安机关、教育行政部门报告，并配合相关部门依法处理。学校、幼儿园应当对未成年人开展适合其年龄的性教育，提高未成年人防范性侵害、性骚扰的自我保护意识和能力。对遭受性侵害、性骚扰的未成年人，学校、幼儿园应当及时采取相关的保护措施。2018年，最高人民检察院曾向教育部发出了《最高人民检察院检察建议书》，就预防性侵害幼儿园儿童和中小学学生提出了建议。教育部高度重视，迅速出台了《关于进一步加强中小学（幼儿园）预防性侵害学生工作的通知》等文件，要求各地教育行政部门和学校进一步加强完善相关制度。

### （十七）学生欺凌防控制度

根据2020年修订的《未成年人保护法》、2021年教育部颁布的《未成年人学校保护规定》、2017年教育部等十一部门《加强中小学生欺凌综合治理方案》的有关要求，学校应当建立学生欺凌防控制度，建立对学生欺凌行为的零容忍处理机制和受伤害学生的关爱、帮扶机制。学生欺凌防控制度具体包括学生欺凌的预防机制、处置机制和帮扶机制等方面的内容。通过学生欺凌防控工作，遏制学生欺凌频发的现象，保护未成年学生身心健康成长。

### (十八)重大事件报告制度

对于学校发生的重大伤害事故,学校应当根据当地有关部门的上报要求和程序及时报告。如果事件有可能涉及犯罪,要及时向公安机关报案,绝对不能私下处理,否则要承担相应的法律责任。《未成年人保护法》第十一条第二款规定:国家机关、居民委员会、村民委员会、密切接触未成年人的单位及其工作人员,在工作中发现未成年人身心健康受到侵害、疑似受到侵害或者面临其他危险情形的,应当立即向公安、民政、教育等有关部门报告。第一百一十七条规定:违反本法第十一条第二款规定,未履行报告义务造成严重后果的,由上级主管部门或者所在单位对直接负责的主管人员和其他直接责任人员依法给予处分。《中小学幼儿园安全管理办法》第六十二条规定,学校不履行安全管理和安全教育职责,对重大安全隐患未及时采取措施的,有关主管部门应当责令其限期改正;拒不改正或者有下列情形之一的,教育行政部门应当对学校负责人和其他直接责任人员给予行政处分;构成犯罪的,依法追究刑事责任……。另外,最高人民检察院等九部门颁布的《关于建立侵害未成年人案件强制报告制度的意见(试行)》第二条规定:侵害未成年人案件强制报告,是指国家机关、法律法规授权行使公权力的各类组织及法律规定的公职人员,密切接触未成年人行业的各类组织及其从业人员,在工作中发现未成年人遭受或者疑似遭受不法侵害以及面临不法侵害危险的,应当立即向公安机关报案或举报。第十六条规定:负有报告义务的单位及其工作人员未履行报告职责,造成严重后果的,由其主管行政机关或者本单位依法对直接负责的主管人员或者其他直接责任人员给予相应处分;构成犯罪的,依法追究刑事责任。相关单位或者单位主管人员阻止工作人员报告的,予以从重处罚。

### (十九)其他制度

学校还应当结合自身实际有针对性地建立安全制度,如有的学校由于建设的年代较早,楼梯、走廊的宽度不符合标准,在一时难以改造的情况下，就需要建立教学楼疏散的相关规定，以防发生拥挤踩踏事故；在课间、放学等时间安排负责人和教师值班，保证学生的安全。

## 三、开展学校安全检查

学校安全检查是指对学校教育教学及安全管理中可能存在的隐患、有害与危险因素、缺陷等进行查证，以确定隐患、有害与危险因素、缺陷存在状态，以及它们转化为事故的条件，以便制定整改措施，消除隐患、有害与危险因素，确保学校的安全。

（一）学校安全检查的准备

在学校进行安全检查前，应当完善安全检查的相关制度，划分安全检查的责任区域，安排安全检查的责任人员。尤其值得注意的是，学校在安全检查前应该提前制作安全检查台账，明确列出安全检查的每一个具体对象，以防止检查中出现疏漏。

（二）学校安全检查的形式

学校安全检查通常可以采取以下几种形式。

1. 定期安全检查

定期安全检查是指列入计划，每隔一段时间进行一次的检查。例如，每周一次教室安全隐患排查，每学期一次管制刀具排查。这种检查可以是全校性的，也可以是以班级为单位进行的。

2. 日常安全检查

日常安全检查是采取个别的、日常巡视方式来进行的检查。在教育教学中进行经常性的安全检查，能及时发现并消除隐患。例如日常教学秩序巡查。

### 3. 季节性安全检查

学校可以根据事故在不同季节的发生规律，进行重点突出的安全检查。例如，夏季进行防水灾、防雷电、防食物中毒检查；冬季进行防火灾、防煤气中毒检查。

### 4. 节假日前后安全检查

节假日前后，师生的思想容易麻痹大意，易发生安全事故。同时，由于寒暑假和国庆、五一等假期时间比较长，放假前和开学前一定要进行办公室、学生宿舍和教室等重点区域的安全检查。

### 5. 专项安全检查

专项安全检查是针对某个特定的安全问题进行的检查。例如，食堂卫生检查、消防检查等。专项检查具有较强的针对性和专业要求，用于检查难度较大的安全项目，必要时可以邀请专业单位协助开展。通过检查，发现潜在问题，研究整改对策，及时消除隐患，进行技术改造。

### 6. 综合安全检查

综合安全检查一般是由地方政府或教育行政主管部门对下属学校进行的全面综合性的检查。

### 7. 家长安全检查

家长安全检查是指邀请学生家长或者家长委员会代表到学校进行安全检查，给学校提供安全建议。由于学校的教职工和学生长时间在学校学习、生活，容易产生"习惯性错觉"，即不正常的事物因为看的时间长了，也感觉不出它的异常了。邀请家长进行检查，能够克服"习惯性错觉"，而且能够集思广益，做好家校沟通。

## （三）学校安全隐患的处置

### 1. 制作和保存安全检查记录

每次检查之后，安全检查的责任人必须将安全检查的情况进行记录，并妥善保存，以备检查。

2. 第一时间消除安全隐患

对于发现的安全隐患，安全检查的责任人必须在第一时间进行处置，消除安全隐患，必要时请求同事和专业人员协助。

3. 第一时间上报安全隐患

安全检查的责任人在检查完毕之后，应当及时将安全检查的结果及对安全隐患的处置情况上报。对于超出自己能力范围的安全隐患，安全检查的责任人必须在第一时间向有关组织和负责人报告。

> **典型案例**
>
> 2002年9月23日，某中学有教师向校长报告"楼梯照明灯全部不亮"，校长未及时处置。当晚学生下晚自习后发生踩踏，导致21名学生窒息死亡，43名学生受伤。该校校长被当地人民法院以教育设施重大安全事故罪判处有期徒刑三年，该校总务主任被以教育设施重大安全事故罪判处有期徒刑三年，缓刑三年。

## 四、加强学校安全教育

学校安全教育是提高师生的安全意识，增强师生的安全素质，减少教师和学生的不安全行为，防止事故发生，减少事故损害的重要途径。学校应当针对不同的对象进行不同内容的安全教育。

### （一）学校相关领导的培训

学校的相关领导主要是指学校的校级领导和中层领导。学校相关领导的培训主要有以下内容。

1. 学校安全的法律、法规、规章、标准和有关制度。
2. 学校安全管理的基本知识。
3. 学校常见的重大事故防范。
4. 应急救援预案的编制与操作。
5. 学校安全事故的预防和处理。
6. 舆情应对的基本方法。
7. 典型事故案例及分析。

### （二）教职工的培训

学校教职工的培训主要是针对学校教育教学中班主任、专任教师和其他工作人员开展的、常见的法律问题和安全知识培训，使他们能在自己的职责范围内有效地预防学校安全事故的发生，以及在事故发生后，能够妥善应对，积极组织学生避险逃生。具体有以下内容。

1. 学校安全的法律、法规、规章、标准和有关制度。
2. 教育教学常见法律问题分析。
3. 组织逃生的基本知识和技能。
4. 学校常见事故的预防及处理。
5. 典型案例分析。

### （三）特殊岗位教职工培训

学校存在一些特殊岗位，如电工、校医等。他们需要经过特殊的培训，并取得相关资格证书后才能够上岗。对于这些特殊岗位，学校应当按照有关规章制度的规定，安排他们参加校内外的相关培训。

### （四）学生安全教育

2006年颁布的《中小学幼儿园安全管理办法》第三十八条明确规定："学校应当按照国家课程标准和地方课程设置要求，将安全教育纳入教学内容，对学生开展安全教育，培养学生的安全意识，提高学生的自我防护能力。"认真贯彻落实这些要求，是确保安全教育落到实处的重要保证。2007年，教育部专门颁布了《中小学公共安全教育指导纲要》，将中小学生的公共安全教育主要内容划分为预防和应对社会安全类事故，公共卫生事故，意外伤害事故，网络、信息安全事故，自然灾害以及影响学生安全的其他事故或事件六个模块。

学校应当通过安全教育课，树立学生的安全意识、培养学生的安全知识、训练学生的安全技能，全面提升学生的安全素质。特别是《未成年人保护法》规定，应将学生欺凌防控以及防范性侵害、性骚扰的性教育内容纳入学生安全教育。另外，教育部与中国红十字会总会《关于进一步加强和改进新时代学校红十字工作的通知》要求，把学生健康知识、急救知识，特别是心肺复苏纳入教育内容。

### （五）家长安全教育

家长安全教育也是学校安全教育的重要内容。首先，学校应当利用家长会等机会集中对家长进行学生安全事故防范的教育，尤其是针对《未成年人保护法》中家庭保护的内容对家长进行宣传教育。其次，学校应当利用家长微信群等渠道向家长不定期地发布安全教育常识以及事故高发时段的预警。再次，学校可以积极引导家长参与学校安全管理，例如，上下学时段校门口的交通引导、学校食堂的志愿者服务等，并利用这些机会对家长进行学校安全管理的介绍和讲解。最后，学校应当对家长委员会的成员开展学校安全事故调解、处置的相关法律常识普及，加强家校合作，引导家长委员会参与学校安全事故的处置过程，提高安全事故处置的公开性、透明性和公正性。

## 五、保障学校安全设施

学校应当配备相应的安全设施设备，保障学校安全的硬件建设，其主要涉及学校的物防和技防。按照《中小学幼儿园安全防范工作规范（试行）》的有关要求，学校的物防和技防应当达到以下标准。

### （一）物防

学校应当设置高度不低于2米的围墙或其他实体屏障，实行封闭式管理；学校出入口设置门卫值班室，配备必要的防卫性器械和报警、通信设备，并建立使用保管制度。

1. 防卫器械

学校门卫值班室应当按执勤人数配备以下防卫器械：防暴头盔（1顶/人）、防护盾牌（1副/人）、防刺背心（1套/人）、防割手套（1副/人）、橡胶警棍（1支/人）、强光电筒（1支/人）、自卫喷雾剂（1支/人）、安全钢叉2套。

2. 校门及周边区域物防

（1）按照《中小学与幼儿园校园周边道路交通设施设置规范》有关规定，在乡村以上道路学校门前两侧50—200米道路上设置限速和警示标志；在交通流量大的学校门前道路施划减速带、人行横道和交通信号灯。

（2）根据学校校门及周边50米区域治安、交通环境实际情况，因地制宜设置家长等候区域，设置隔离栏、隔离墩、减速带或升降柱等硬质防冲撞设施，确保师生出入安全，秩序井然。

3. 学校内部物防建设

（1）学校视频监控室、财务室、实验室、计算机室等贵重物品和设备点，档案室、中考高考试卷保管室等保密资料存放点，有毒、有害、易燃等危险品存放场所的出入口应当安装防盗安全门，窗户应当安装金属防护栏等防护设施。水电气热等设备间应设置消防设施和防护设施，指定专人负责看管。

（2）校门和校内学生行进主要道路、教学楼和宿舍楼通道等部位、地段应当安装路灯，亮化率达100%。

（3）教学楼、学生宿舍、食堂等学生集中学习和生活场所应当按国家有关消防技术规范设置消防设施、配备消防器材，并定期检测更新，保持完好有效。安全出口、疏散通道、消防通道应保持畅通，按规定设置消防疏散指示标志和应急照明装置。学生宿舍未设置火灾自动报警系统设施的，应安装点式火灾报警探测器。

（4）学校应当在校内高地、水池、楼梯、电梯、落地玻璃门、在建工地等易发生危险的地方设置警示标志或者防护设施。

（5）校内应当根据需要设置规范的安全警示牌、交通标志、标牌标线、交通信号灯、人行设施、分隔设施、停车设施和减速带等。

（二）技防

1. 学校大门外一定区域内应由属地公安机关设置视频图像采集装置，采集及回放视频图像应能确保特别是夜间清晰显示监视区域内人员活动和治安秩序情况。

2. 学校应在大门口设置视频图像采集装置，采集及回放视频图像应能确保特别是夜间清楚辨别进出人员的体貌特征和进出车辆的车牌号。

3. 学校门卫值班室应设置一键式紧急报警装置，并与属地接警中心联网。

4. 教学楼、学生宿舍楼主要出入口、走廊，食堂操作间、配餐间、留样间内和储藏室的出入口，操场等人员聚集场所应安装视频图像采集装置。

5. 易燃易爆等危险化学品储存室、财务室、实验室等重要场所在安装视频图像采集装置的基础上应安装入侵报警装置。

6.学校应设置安防监控室，对本单位的视频图像采集、报警、电子巡查及系统信息通过管理软件实现联动管理，视频图像采集系统和报警系统应接入公安机关监控和报警平台，暂不能联网的应预留接口，并符合相关信号采集与传输标准。

7.学校重点部位和区域可根据需要设置电子巡查装置及其他技术防范措施。

另外，根据《中华人民共和国反恐怖主义法》第三十二条的规定，（防范恐怖袭击）重点目标的管理单位采集的视频图像信息保存期限不得少于九十日。各地教育行政部门应当参考上述规定制定合理的学校监控视频保存期限。

## 六、学校风险化解

教育部门要会同相关部门制定区域性学校安全风险清单，建立动态监测和数据搜集、分析机制，及时为学校提供安全风险提示，指导学校健全风险评估和预防制度。要建立台账制度，定期汇总、分析学校及周边存在的安全风险隐患，确定整改措施和时限。在出现可能影响学校安全的公共安全事件、自然灾害等风险时，要第一时间通报学校，指导学校予以防范。

地方政府可以积极培育为学校提供安全风险防控服务的专业化社会组织。采取政府购买服务等方式，鼓励、引导和支持具备相应专业能力的机构、组织，研发、提供学校安全风险预防、安全教育相关的服务或者产品，协助教育部门制定、审核学校安全风险防控预案和相关标准，组织、指导学校有针对性地开展专项安全演练、预防和转移安全风险等工作。

> **地方经验**

吉林省长春市二道区

吉林省长春市二道区通过成立四个组织机构、创新八大体系建设，建立了相对具有操作性的执行体系，营造了良好的教育氛围和具备社会化分担机制的学校安全工作环境。

第一，建立"四组机构"，提升社会化分担工作落实力度。首先是试点工作领导小组。二道区成立了由区政府副区长担任组长，区教育局、法院、检察院、公安分局、司法局五部门正副局长分管负责的试点工作领导小组。其次是专家指导组。二道区组建了由17名业内知名人士构成的专家指导组，为方案制定和实施提供法理依据与学术支撑。再次是社会资源组。二道区成立了包括法制、学校后勤管理、新闻宣传、网络安全、家庭教育指导、保险、关心下一代等11个重要相关社会团体在内的强大社会资源组，为试点工作提供社会化分担机制系统资源整合与利用的指导服务。最后是校园纠纷人民调解委员会。2020年4月24日，在区教育局、法院、检察院、公安分局、司法局五部门共同参与下，吉林省第一个县区级校园纠纷人民调解委员会——长春市二道区校园纠纷人民调解委员会正式成立。

第二，构建"八大体系"，丰富部门联动工作落实维度。一是依托信息技术，建设了二道区校园、校车安全管理信息监控平台，成功打造了校园安全双重预防机制。二是结合"生命与安全"教育特点，着力打造了电子化、娱乐化、实践化的学生安全教育课堂模式。三是以学校依法化解纠纷为宗旨，完善多元式调解。全区各中小学（幼儿园）以教育集团（校级联盟、大学区）、幼儿园为单位，组成了校园纠纷人民调解工作站6个、工作室34个。四是以学校安全事故赔偿为保障，完善互助式理赔。二道区教育局与保险公司初步达成合作意向，形成多元化的学校安全事故损害赔偿机制。五是以学校安全风险联动为前提，完善综合式治理。二道区成立了由区政府分管副区长任组长，教育、公安部门为主要成员的工作领导小组，对校园周边的安全隐患进行治理。六是以学校舆情信息预判为导向，完善主动式应对。二道区教育局制发了《二道区教育系统舆情监控及突发重大舆情应急处置工作实施方案》《二道区教育舆情监控及突发重大舆情应急处置工作要求》，按照"快速反应、确认事实、妥善处理"的总要求，完善监测、预警、应对有机结合的教育舆情监控及应急处置工作机制。七是以家校文明风尚建设为助力，完善共建式服务。试点学校领导班子实行"校长接待日"制度，每周由一名校级领导在学校警卫室负责接待家长，帮助家长解决与学校、与师生之间发生的问题。八是以学校安全风险课题为载体，完善科学研究。长春市二道区教育局以全国教育科学规划课题为抓手，带领各试点参与学校实现科学研究和工作实践"两步走"。

# 第三节
## 学校安全事故应急处置的程序

杜绝各类事故发生是学校安全工作的最终目标，但由于种种原因，安全事故还是时有发生，给学生生命安全及身心健康造成伤害。因此，学校必须做好安全事故的应急处置准备工作，以便在事故发生后能够及时应对，最大限度地减少事故造成的损失，降低事故造成的社会危害及影响。学校应严格按照专业规范的程序及措施对发生的安全事故进行应急处置。

# 一、应急处置准备

(一)建立健全组织机构

学校应建立由学校主要领导担任组长，其他校领导为副组长，中层干部及相关人员为成员的学校安全事故应急处置领导小组，负责学校安全危机的研判及响应、学校突发重大安全事故的应急及处置、安全应急预案的制定及演练等工作。

学校安全事故应急处置领导小组下设指挥组、保卫组、现场处置组、现场维护组、通讯联系组、后勤保障组、事故调查组、事后处置组等应急小组，由分管安全的副校长具体负责，根据事故情况启动工作。其中，学校医务(保健)人员或兼职卫生保健教师应当作为现场处置组的当然成员，在有突发情况出现时，应当保证第一时间到场处置。若出现无法及时到场情况，依法追究相关人员责任。

学校应设安全事故新闻发言人，按照授权，遇到突发事件时，负责新闻媒体接待和舆情监控应对，引导正确的舆论导向。

(二)组织编制应急预案

学校应按照国家质量监督检验检疫总局、国家标准化管理委员会颁布的《生产经营单位生产安全事故应急预案编制导则》(GB/T 29639-2013)和应急管理部修正后的《生产安全事故应急预案管理办法》的规范和要求，组织编制和管理各类安全应急预案。

学校一般应制定的安全应急预案主要包括自然灾害事故、突发灾难事故、大型活动事故、踩踏事故、火灾事故、食物中毒事故、传染病防治、气候环境应对、反恐防恐以及其他上级要求编制的预案等。其中，自然灾害类、公共卫生类、环境气候类可采用综合预案的方式，其他的可采用专项或单项预案的方式，至于一些小的突发事故，如教学事故、实验事故、意外伤害等，可采用现场处置方案的方式。学校应急预案的编制在参考国家相关标准的同时，应突出可预防性、简洁性和可操作性，体现出实用性和实效性。

（三）开展应急培训演练

规模较大的学校应成立由具备必要的专业知识、技能、身体素质和心理素质的人员组成的专（兼）职应急处置队伍，由学校安全事故应急处置领导小组负责组织与管理，并构建以此为主的学校安全事故应急处置体系。学校要对教职工开展应急预案、应急知识、自救互救和避险逃生技能的培训活动，了解应急预案内容，熟悉应急职责、应急处置程序和措施。

学校应根据本单位的事故风险特点，每年至少组织一次综合应急预案演练或者专项应急预案演练，每半年至少组织一次现场处置方案演练。

## 二、事故处置程序

学校发生重大安全事故后，应立即启动应急预案，严格按照事故处置程序，迅速展开救援，有效控制事态，认真组织事故调查，及时妥善处理事故。

（一）立即组织现场急救工作

1.当值或首遇教职工发现安全事故后，应及时展开现场应急工作。如有学生受伤，在实施必要的现场救护的同时，可向校医打电话求救，可大声呼救，通知班主任，并应当向学校领导报告。情况危急时，可根据事故类型拨打"120""110""119"等求助电话，寻求专业救助。在等待专业急救人员到达的同时，对受伤学生是否因二次危险而需要转移、心肺功能是否正常、意识是否清晰、是否大量出血、是否有骨折危险尤其是脊柱骨折等作出准确判断并进行及时、正确、科学的救治。

2. 校医、班主任、校领导接到报告后应立即赶到现场。

3. 学校领导赶赴现场后，应了解事故概况，对现场受害情况作出较为全面的判断，及时制定、调整、实施现场救助方案，充分调动学校可支配人力、物力，按照挽救生命、稳定病情、减少伤残、减轻痛苦的原则，配合专业救助人员开展好现场救助工作。

（二）及时报告上级有关部门

1. 报告教育行政主管部门。学校初步掌握基本情况后，如果事故导致多名学生受伤或个别学生受伤较为严重时，应在1小时之内向教育行政主管部门进行电话报告。电话报告内容主要包括事发学校名称、时间、地点、简要经过、伤亡情况、目前已采取的措施、是否需要教育行政主管部门协调相关行政部门等。如果事故导致多名学生受伤较为严重或有学生死亡发生，教育行政主管部门应立即赶往事发学校，同时要向当地政府电话报告，必要时应向上级教育行政主管部门电话报告。

2. 除了向教育行政主管部门报告外，学校还应根据事故的类别、性质向相关行政部门电话报告，请求帮助。

（1）发生火灾事故，应向消防救援部门报告和求援施救。

（2）发生治安（刑事）事件，应向公安部门报告和求援施救。

（3）发生食品卫生事故，应向市场监管部门、卫生健康部门、疾病防控中心报告和求援施救。

（4）发生地面建筑事故，应向应急管理部门报告和求援施救。

3. 现场应急结束后，学校应立即向教育行政主管部门及相关部门提交书面的事故报告。报告应当包括下列内容：事故发生单位概况，事故发生的时间、地点以及事故现场情况，事故的简要经过，事故已经造成或者可能造成的伤亡人数（包括下落不明的人数）和初步估计的直接经济损失、目前已经采取的措施等。

4. 事故报告后出现新情况的，学校应及时向教育行政主管部门及其他行政部门补报。

教育行政主管部门应按相关规定向当地政府和上级教育行政部门报告。

（三）尽快通知学生家长

1. 尽快落实受伤害学生的基本信息，特别是受伤害学生的姓名、班级、年龄、父母或其他监护人联系方式等；弄清受伤害学生目前所处位置，送往哪家医院、哪个抢救地点或在学校某个地方；初步了解受伤害学生伤势。

2. 迅速给受伤害学生的家长打电话或发信息，简单说明事故情况；告诉家长目前受伤孩子所在的地点，让他们尽快赶赴现场；事故严重的，学校可安排车辆及人员专程上门通知和接送。

3. 学校要安排专人（如校领导、中层干部、班主任、事故处置组成员等）负责接待、安抚受伤害学生家长；路途较远的或行动不便的，学校要解决好住宿、饮食等生活问题；接待人员要耐心周到、热情体贴，遇到问题不争吵、少讨论、多谅解。

（四）做好现场维护及证据保留工作

1. 维护现场秩序。严格服从事故现场应急统一指挥，为迅速高效地展开急救和防止事态扩大提供良好的现场环境保障；快速疏散现场与应急无关的人员，防止发生影响应急工作正常进行和出现人员聚集等问题；合理划出警戒区域，安排专人值守，耐心劝导和阻止非应急人员进入事故现场。

2. 保护事故现场。立即对事故现场进行警戒和封锁；不准移动现场的相关物品，如因抢救伤员的需要必须移动的，应做好标记；对现场散落的、遗留的物品应尽量保持原位，如需移动，应做好相关记录；对事故现场进行录像、拍照，以固定现场原始状态。

3. 保留相关证据。学校应当保留好相关证据，如书证、物证、视听资料、电子数据、证人证言、鉴定意见、勘验笔录、现场笔录、当事人的陈述等，以便于事故调查和事故处理工作的顺利进行。

（五）严格控制舆情发展

学校要认真分析事故发生的原因，掌握事故目前的状况，以基于事实，陈述实情为原则，迅速制定有关事故统一的应答口径，快速有序组织调集相关资源及人员，稳定校内、校外相关人员情绪，严防舆情发展。

1. 稳定校内师生情绪。

（1）及时召开教职工会议，通报事故基本情况，稳定情绪，安排部署下一步工作。

（2）由班主任向学生通报事故情况，并积极开展安抚工作，让学生尽快回归正常的教育教学当中。

（3）如果事故较为严重或有学生伤亡发生，学校要在第一时间召开全体学生大会，通报事故情况、已采取的措施和学校目前安全状况，让大家打消恐惧、担忧、疑虑情绪，放松心态，尽快投入正常的学习生活。

（4）对有学生遭受重大伤害或死亡的班级、宿舍，以及与受伤害学生关系亲密的学生，学校要重点开展心理辅导，防止出现急性应激障碍或创伤后压力心理障碍。

2. 稳定校外家长情绪。

及时召开临时家长会，通报事故目前基本情况，让家长放心、安心；安排在校学生与家长见面，彻底打消疑虑；通过多种形式，及时告知事故发展进程；对送入医院进行救治的学生，学校要安排专人配合医院开展工作，做好学生家长的安抚和协助工作。

3. 严格控制舆情发展。

（1）事故发生后，学校要密切关注网络反应，如有舆情出现，要及时通过学校网站等发布公告或声明，并第一时间向当地宣传部门或网监部门报告，请求帮助。

（2）如果事故较为严重，学校和教育行政主管部门应积极与当地宣传部门、网监部门取得联系，及时如实通报事故的进展情况，严防形成网络舆情。

（3）学校要及时召开事故发布会，主动邀请相关新闻媒体、社会组织机构及人员参加，通报事故情况，积极沟通联系。

（六）组织开展事故调查工作

1.较为严重的安全事故，由事发学校所辖地政府组织联合调查组或委托教育行政主管部门进行事故调查，学校应积极配合、提供保障，确保调查工作顺利进行。

2.当地政府及相关部门同意学校自行开展事故调查的，学校要成立事故调查组，制定调查方案，选派合适人员，必要时可聘请专业人员参加；认真组织开展现场勘查、收集资料、评估损失、应急处置评估、证据审查和补充调查等工作；开展事故原因分析和责任分析，对事故进行定性；按时完成事故调查，形成事故调查报告，上报当地政府或相关部门。

（七）及时对事故作出处理

1.追究学校及相关责任人员的责任。接受上级调查的，有关部门应当按照当地人民政府的批复，依照法律、行政法规规定的权限和程序，对有责任的事故发生单位和有关人员进行行政处罚，对负有事故责任的人员进行行政处分；学校自行组织调查的，应根据学校责任追究制度，对相关责任人员进行处理；违反刑法规定的，应配合司法机关开展调查。

2.与受伤害学生及家长积极协商解决方案。

（1）受伤害学生医疗结束后，学校应当按照依法、及时、妥善的原则，积极与受伤害学生家长进行协商，尽快达成解决意见。

（2）如果协商不成，学校应尽量说服受伤害学生家长共同向教育行政主管部门提出行政调解申请，教育行政主管部门应在60天内给出调解意见。

（3）学校也可通过人民调解委员会、当地司法机关等第三方调解，就学校安全事故与学生家长达成解决意见。

（4）如果双方协商、调解不成，学校应建议受伤害学生家长选择民事诉讼的方式，最终解决伤害事故。

（5）双方协商、调解、诉讼一旦有了结果，学校应尽快完成赔付。

（八）认真开展教育总结工作

1.公布事故调查结果。在事故形成权威结论后，以适当方式召开全校职工会议，公布事故调查结果。

2.处理相关责任部门及人员。宣布上级对事发学校及有关人员的处理决定；宣布学校对相关处室及有关人员的处理决定。

3.教育教职工尽职守责。通报事故应急处理情况；总结经验教训，查找问题隐患，明确整改措施，落实部门及人员责任；教育广大教职工铭记安全职责，尽心尽力，尽职尽责，预防学校发生安全事故。

学校安全事故不可避免，但事故应急处置必须严格按照规定程序来组织实施。需要注意的是，现场急救、报告上级、通知家长是安全事故发生后学校应在第一时间同时要做的三件事情，切不可因情况紧急而有所疏漏。

**典型案例**

两中学生互殴致死案

2022年3月31日23时许，某中学八年级学生徐某（男，14岁）与同年级学生王某（男，14岁）在学校宿舍内因琐事引发肢体冲突，致王某倒地，后医治无效死亡。

后经查明：当日学生宿舍熄灯后，22时7分至22时47分，王某与徐某因琐事引发冲突并发生打斗。后因徐某击打王某上半身后，王某感觉不适，双方停止冲突。23时15分至23时56分，王某再次与徐某发生冲突。两人互殴中，徐某一拳打在王某左胸部，王某随即捂住胸口瘫倒在地。周围多名同学通过百度图片搜索急救方法，并采取了心肺复苏、人工呼吸、毛巾擦脸等措施。23时56分，学生刘某下楼喊来宿舍管理员孙某。23时57分，孙某到达宿舍，轻拍王某脸部、按压其人中，王某无反应。23时59分，孙某拨打120急救电话。4月1日0时10分，120医护人员赶到现场，经检查初步判断王某无生命迹象，继续抢救至0时40分许，确认王某已死亡。0时25分，王某班主任到达事发宿舍。0时27分，当地公安局110指挥中心接到王某班主任报警。民警赶至现场后，对7名相关人员予以控制并带离配合调查，同日对犯罪嫌疑人徐某依法采取刑事强制措施。

案件发生后，当地市委市政府高度重视，要求迅速查清事实，依法依规处置，切实维护群众利益，及时回应社会关切，并成立市级工作指导组，市政法、纪检、公安、检察、教体等部门全程跟踪督导。省公安厅派专家组进驻当地指导案件侦查工作。当地县委县政府立即成立调查组，进行全面深入调查核查。并于4月2日和4月5日分别由当地县公安局和县政府事故调查组对案件进行通报。

根据调查组的通报，该中学校长吴某被停职，纪检监察机关已启动立案调查程序，后期将依据调查事实和责任认定情况，依法依纪严肃追究相关单位和责任人的责任。同时，公安机关也将依法追究造谣者的法律责任。

# 第四节
# 学校安全事故处理的法律服务

学校安全事故处理的专业性非常强，所以教育部等五部门印发的《关于完善安全事故处理机制 维护学校教育教学秩序的意见》专门提出健全学校安全事故处理的法律服务机制，具体包括司法行政机关应当组织法律援助机构依法为符合条件的学校安全事故受伤害者提供法律援助，指导律师事务所、公证机构等为当事人提供法律服务，指导律师做好代理服务工作，引导当事人依法、理性表达意见，合理提出诉求。有条件的地方可以设立学生权益法律保护中心，以政府购买服务等方式，聘请法律专业服务机构或人员，为学生提供法律服务。纠纷处理过程中，需要鉴定以明确责任的，由双方共同委托或者经当事人申请，由主持调解的机构、组织委托司法鉴定机构进行鉴定。

在处理学校安全事故纠纷过程中，各方当事人可以通过有偿购买或者依法获取的方式获得各种法律服务，以利于合法、妥善、顺利地处理事故纠纷。常见的法律服务包括法律援助服务、公证服务、司法鉴定服务、律师服务以及人民调解服务等。

## 一、法律援助服务

法律援助，是指为了保障经济困难的公民或特殊案件的受援人获得必要的法律服务，由政府设立的法律援助机构组织法律援助服务机构和法律援助人员，为因经济困难而没有委托代理人的公民或特殊案件的受援人无偿提供法律服务的一种司法保障制度。按照有关规定，法律援助的受援对象为经济困难者、残疾者以及特殊案件中经人民法院指定的受援人。法律援助的形式，既包括诉讼法律服务，也包括非诉讼法律服务，主要有以下形式：（1）解答法律咨询、代拟法律文书；（2）刑事辩护、刑事代理；（3）民事、行政诉讼代理；（4）行政复议代理，劳动、人事争议仲裁代理和其他非诉讼法律事务代理；（5）法律、法规规定的其他法律援助形式。

发生学校安全事故纠纷后，经济困难的受伤害学生或其法定代理人，可以向法律援助机构申请法律援助服务。学校应当告知经济困难的受伤害学生及其家长可依法申请法律援助，引导其理性提出诉求、合法维护自身权益。

## 二、公证服务

公证，是指公证机构根据自然人、法人或者其他组织的申请，依照法定程序对民事法律行为、有法律意义的事实和文书的真实性、合法性予以证明的活动。按照法律规定，经过公证的民事法律行为、有法律意义的事实和文书，应当作为认定事实的根据，但有相反证据足以推翻该项公证的除外。实践中,自然人、法人或者其他组织申请办理公证的,可以向住所地、经常居住地、行为地或者事实发生地的公证机构提出。

在处理学校安全事故纠纷过程中,学校可以申请的公证服务主要包括以下两项。

### (一)合同公证

对于事故纠纷的处理,学校与受伤害学生的家长经过协商达成一致意见后,双方应当签订书面的事故处理协议。为了确保合同的法律效力,学校可以向所在地的公证机构申请对合同予以公证。由公证机构指派公证员,对学校和受伤害学生家长的签约行为以及事故处理合同的真实性、合法性予以公证,并出具公证书。经过公证后,任何一方不履行合同约定义务的,另一方可将公证书作为证据向人民法院提起诉讼。

### (二)保全证据公证

学校发生安全事故后,为了应对可能引发的事故赔偿诉讼纠纷,学校应当收集、保存可以证明事故发生的原因、经过、结果以及校方是否履行了对当事学生的教育、管理职责的相关证据。在收集证据过程中,对于有可能毁损、灭失或者以后难以取得的证据(如当事人陈述、证人证言、书证、物证、视听资料等),学校可以向所在地的公证机构申请办理保全证据公证,也就是由公证机构对相关证据加以提取、收存、固定、描述或者对学校的取证行为的真实性予以证明。在日后的诉讼过程中,学校可以将保全证据公证书作为证据提交给法庭,用以证明学校的诉讼主张。

## 三、司法鉴定服务

司法鉴定,是指在诉讼活动中,鉴定人运用科学技术或者专门知识对诉讼涉及的专门性问题进行鉴别和判断并提供鉴定意见的活动。根据鉴定事项的不同，司法鉴定可分为法医类鉴定、物证类鉴定、声像资料鉴定、环境监测司法鉴定、工程造价司法鉴定、产品质量司法鉴定、司法会计鉴定、知识产权司法鉴定、计算机司法鉴定等鉴定类别。在诉讼过程中，对于需要经过司法鉴定才能查明的事项，诉讼当事人可向人民法院提出申请，再由法院委托司法鉴定机构进行鉴定。在诉讼之外，委托人也可就专门性问题自行委托司法鉴定机构进行鉴定。

（一）司法鉴定事项

学校在处理学校安全事故纠纷过程中，常见的可以申请司法鉴定的事项包括：为查明学生的身体受伤致残程度[①]而申请的伤残等级鉴定；为查明是否存在笔迹造假而申请的笔迹鉴定；为查明是否存在文书造假而申请的伪造、变造文书鉴定；为查明文书的形成时间而申请的文书制作时间鉴定；为查明录音带、录像带、磁盘、光盘、图片等载体上记录的声音、图像是否存在造假而申请的声像资料鉴定；为查明网页、微博、手机短信、电子邮件、即时通信等电子数据是否存在造假而申请的电子数据鉴定；其他需要申请司法鉴定的事项。

（二）诉讼过程中的司法鉴定委托

在人身损害赔偿纠纷诉讼过程中，为了查明学生因事故而造成的身体损伤致残情况，双方当事人均可向人民法院申请委托司法鉴定机构对受伤害学生的伤残程度进行司法鉴定。按照《中华人民共和国民事诉讼法》（简称《民事诉讼法》）相关法律规定，人民法院准许鉴定申请的，应当组织双方当事人协商确定具备相应资格的鉴定人，当事人协商不成的，由人民法院指定鉴定人。

对于由人民法院委托的鉴定机构作出的鉴定意见，存在下列四种情形

---

[①] 人体损伤致残程度由轻到重分为十级，最轻为十级，最重为一级，伤残等级的不同直接影响到残疾赔偿金数额的多少。

之一的，有异议的当事人可以向法院申请重新鉴定：鉴定人不具备相应资格的；鉴定程序严重违法的；鉴定意见明显依据不足的；鉴定意见不能作为证据使用的其他情形。对于由学生一方就专门性问题自行委托有关鉴定机构或者鉴定人员出具的鉴定意见，学校有足够的证据或者理由予以反驳的，也可以向人民法院申请重新鉴定。

## 四、律师服务

律师是依法取得律师执业证书，为当事人提供法律服务的专业人员。在处理民事纠纷过程中，律师可以提供的服务包括：担任法律顾问；担任诉讼代理人；解答法律咨询；代写法律文书；提供其他非诉讼法律服务等。为了妥善、依法处理学校安全事故纠纷，学校可以根据情况需要聘请律师，律师会就相关专门性问题提供以下法律服务。

### （一）解答法律咨询

发生学校安全事故后，为了判断校方是否应承担法律责任，学校应当咨询律师或其他法律专业人员，听取法律专业人员对有关事故责任的分析。学校应当尽可能要求律师提供书面的法律意见书。

### （二）参与接待、谈判、调解

在与当事学生家长协商解决事故纠纷过程中，学校可以委托律师参与接待学生家长，对相关法律问题进行解答和释疑；参与协商、谈判，代表校方提出事故纠纷处理方案，或者对学生一方提出的处理方案发表意见；代表学校参与第三方组织的调解活动等。

### （三）起草法律文书

通过协商或者调解，学校与当事学生家长就事故赔偿事宜达成一致意见的，应当委托律师起草事故处理协议书、调解协议书等相关法律文书。

未经律师审查、认可的法律文书，学校原则上不得签署。

（四）诉讼代理

因事故处理无法达成一致意见，受伤害学生及其家长将学校起诉至法院的，学校一般应当聘请律师作为诉讼代理人，代表学校参与诉讼活动。学校聘请律师时应当与律师所在单位（律师事务所）签订委托诉讼代理合同，详细约定各自的权利与义务，并可要求办案律师未经校方许可不得对外披露案情信息。

> **地方经验**
>
> 据《沈阳晚报》报道，2019年11月20日，沈阳市和平区部分教育集团与律师团队代表签署聘请法律顾问合同书，举行"签约律师进校园"启动仪式。2020年1月1日起，7家律师事务所的律师团队正式与和平区11个中小学教育集团形成一一对应的聘用关系，履职服务全区50所中小学招生校区。和平区也成为东北首个由政府出资为学校购买律师服务的区县。根据合同约定，签约律师为学校提供合法性建议、指导签约谈判、解决涉法纠纷与诉讼、提供普法服务四大方面的服务。签约律师作为签约服务的第一责任人，将依照律师的职业服务规范和标准，为签约学校提供相关法律服务。

## 五、人民调解服务

人民调解即人民调解委员会的调解，是指在人民调解委员会的主持下，以国家法律、法规、规章、政策和社会公德为依据，通过说服、疏导等方法，促使纠纷当事人在平等协商基础上自愿达成调解协议，解决民间纠纷的活动。人民调解是解决学校安全事故纠纷的一种重要形式，在后面有详细论述。

## 第五节
## 学校安全事故处理的赔偿机制

在学校安全事故的处理中,赔偿的资金来源往往是焦点和难点问题。因此,教育部等五部门《关于完善安全事故处理机制 维护学校教育教学秩序的意见》专门提出要形成多元化的学校安全事故损害赔偿机制,主要包括保险、基金等方式。

## 一、保险

保险是指投保人根据合同约定,向保险人支付保险费,保险人对合同约定的可能发生的事故因其发生所造成的财产损失承担赔偿保险金责任,或者被保险人死亡、伤残、疾病或者达到合同约定的年龄、期限等条件时承担给付保险金责任的商业保险行为。在现代社会,保险是规避风险损失的有效方式,也是目前学校安全事故赔偿资金的主要来源之一。

根据《关于完善安全事故处理机制 维护学校教育教学秩序的意见》的规定,学校或者学校举办者应按规定投保校方责任险,有条件的可以购买校方无过失责任险和食品安全、校外实习、体育运动伤害等领域的责任保险。要通过财政补贴、家长分担等多种渠道筹措经费,推动设立学校安全综合险，加大保障力度。要增强师生和家长的保险意识，引导家长为学生购买人身保险，有条件的地方可以予以补贴。

## （一）校方责任险

校方责任险是一种保险的名称，是由学校作为投保人，因校方过失导致学生伤亡的事故及财产损失，由保险公司来赔偿，学校也是受益方，是一种责任保险。保险范围一般涵盖《学生伤害事故处理办法》中列举的应由学校承担责任的所有情形，具体条款由学校和保险公司签订的保险合同进行约定。被保险人是指被保险的学校。

2002年颁布的《学生伤害事故处理办法》规定，"学校有条件的，应当依据保险法的有关规定，参加学校责任保险。教育行政部门可以根据实际情况，鼓励中小学参加学校责任保险"。2006年颁布的《中小学幼儿园安全管理办法》规定，"有条件的，学校举办者应当为学校购买责任保险"。2017年国务院办公厅颁布的《关于加强中小学幼儿园安全风险防控体系建设的意见》要求："学校举办者应当按规定为学校购买校方责任险，义务教育阶段学校投保校方责任险所需经费从公用经费中列支，其他学校投保校方责任险的费用，由各省（区、市）按照国家有关规定执行。各地要根据经济社会发展情况，结合实际合理确定校方责任险的投保责任，规范理赔程序和理赔标准。"可见，校方责任险是学校举办者必须为学校投保的险种。

## （二）校方无过失责任险

校（园）方无过失责任险是指因自然灾害、学生自身原因、学生体质差异、校外的突发性侵害而导致在校学生发生人身伤亡，被保险人已履行相应职责，行为并无不当，但依法仍需对受伤害学生承担经济赔偿时，保险人根据校方无过失责任险合同约定负责赔偿。

因为校方安全责任险的覆盖范围有限，在一些学校安全事故中，校方并无过错，此时受伤学生就要自己承担医疗等费用，增大了学生家庭的经济负担。但是目前校方无过失责任险并非强制的，由学校举办者根据情况自行决定是否购买。

（三）学校专项保险

学校专项保险是指学校针对在校学生发生食品安全事故、校外实习事故、体育运动伤害等情形，由保险人根据保险合同的约定进行赔偿。在学校安全事故中，饮食卫生、校外实习、体育运动往往是事故高发的领域，也往往是学校担心的。为了避免因事故的发生而承担赔偿责任，一些学校干脆取消了相应的教育教学活动，极大地影响了学生的健康成长。针对这种情形，如果学校投保了专项保险，一旦发生学校安全事故，保险公司就会根据约定承担赔偿责任，解决了学校的后顾之忧。

值得注意的是，根据目前的规定，学校专项保险并非强制的，由学校举办者根据情况自行决定是否购买。

（四）学生人身保险

目前最常见的学生人身保险是中小学生平安保险（简称"学平险"），属于人身意外伤害保险。目前市场上的学平险费率、条款总体上差异不大，一般包括意外伤害、疾病身故、意外医疗、住院医疗等最基本的保障，保险期一年，寒暑假等非在校时间也可以覆盖。

除了学平险之外，保险公司还有很多种类的人身意外伤害保险、健康医疗保险、交通保险等险种，都可以对学校安全事故中的伤亡学生进行理赔。

《学生伤害事故处理办法》规定："提倡学生自愿参加意外伤害保险。在尊重学生意愿的前提下，学校可以为学生参加意外伤害保险创造便利条件，但不得从中收取任何费用。"《中小学幼儿园安全管理办法》规定："学校鼓励和提倡监护人自愿为学生购买意外伤害保险。"《关于加强中小学幼儿园安全风险防控体系建设的意见》要求："要大力增强师生和家长的保险意识，引导家长根据自愿原则参加保险，分担学生在学校期间因意外而发生的风险。"《关于完善安全事故处理机制 维护学校教育教学秩序的意见》规定："要增强师生和家长的保险意识，引导家长为学生购买人身保险，有条件的地方可以予以补贴。"因此，地方政府和学校应当利用适当的方式引导家长增强保险意识，采取有效手段调动家长投保的积极性，鼓励其为在校学生购买人身保险。有条件的地方政府可以对家长投保的学生人身保险给予财政补贴。

## 二、基金

### （一）学校安全赔偿准备基金

学校安全赔偿准备基金是指地方政府、学校举办者以及社会组织等以不同形式出资，用于赔偿特定范围学校安全事故的风险准备基金。

《关于完善安全事故处理机制 维护学校教育教学秩序的意见》规定："鼓励有条件的地方建立学校安全赔偿准备基金。"相较于保险，学校安全赔偿准备基金具有经费利用率高、手续简便等优势。一般情况下，学校安全赔偿准备基金运营组织原则上属于非营利组织，所以筹集的资金除了维持基金组织机构运行外，全部应用在学校安全事故的赔偿方面。另外，赔偿准备基金的赔付程序和赔付标准可以由基金运营组织自行决定，具有一定的便捷性和灵活性。

学校安全赔偿准备基金既可以由地方政府及其分管部门发起建立，也可以委托社会第三方组织发起建立，高等学校也可以自行建立相应的机构运营。学校安全赔偿准备基金的资金来源可以是地方政府财政拨款、学校举办者出资以及社会捐助等。因为《关于完善安全事故处理机制 维护学校教育教学秩序的意见》要求学校或者学校举办者应按规定投保校方责任险，也就是说目前校方责任险是强制性的。学校安全赔偿准备基金可以作为校方责任险之外的有效补充，以弥补校方责任险的保险范围和保险额度的缺口，切实保障伤亡学生的经济赔偿，减轻学校的经济压力和责任压力。

但是学校安全赔偿准备基金的建立、运行、监管都需要较为复杂的程序，在一定程度上制约了我国学校安全赔偿准备基金的发展。现实中，一些地方委托专业机构进行了这方面的尝试，例如，上海市委托专业保险机构建立了学校体育运动伤害专项保障基金，取得了良好的效果。

### （二）安全风险基金或者学生救助基金

《关于完善安全事故处理机制 维护学校教育教学秩序的意见》规定："学校可以引导、利用社会捐赠资金等设置安全风险基金或者学生救助基金，健全救助机制。"

学校安全风险基金或者学生救助基金具有以下特点：首先，基金是由学校自行建立的；其次，基金主要来自社会捐赠；再次，基金用于对学校安全事故中的伤亡学生予以救助；最后，基金并非强制性，学校可以根据自己的实际情况选择是否建立。

学校安全风险基金或者学生救助基金是学校安全保险的有益补充，可以进一步化解学校在安全事故中的经济风险，体现团结互助的社会氛围。

**地方经验**

南通市在校学生意外伤害补充保险项目

南通市中小学（含中等职业学校）、幼儿园在校学生意外伤害补充保险项目由市、县（市、区）教育部门作为保险投保代表人，中国人民财产保险股份有限公司联合中国人寿保险股份有限公司、中国太平洋财产保险股份有限公司三家公司组成共保体负责实施。该保险项目针对在校学生因意外事故造成的人身伤害给予保险保障服务，覆盖全市普通中小学、中等职业学校、幼儿园约80万在校学生，保险费每人每年10元，由市、县两级政府财政全额支出，学生家长不需要花一分钱，也无须办理投保手续。

### 深圳市各方出资购买学生人身意外伤害保险

深圳市委、市政府统一组织购买学生人身意外伤害保险，该保险由深圳市政府、深圳市教育发展基金会和参保学生家长共同出资购买，通过招标方式确认保险公司。学生人身意外伤害保险保费每人每年15元，保险费用由市政府、教育发展基金、学生家长按1:1:1比例分担，即家长支付5元，财政、基金会各补助5元。

### 上海市设立学校体育运动伤害专项保障基金

上海市从2016年3月1日起，在全国首次试点推出一个专门针对校园体育运动意外伤害设计的校园基金。上海市首创的"学校体育运动伤害专项保障基金"，是由市教委在前期充分调研和专家论证基础上提出设想、中国人寿保险股份有限公司研究制定的公益性基金。与目前较为常见的校园意外责任险不同，该基金提供了免责保障，范围全面。基金的保障以意外运动伤害事故的发生为依据，不涉及对学校及学生的责任认定。保障范围也扩大到校园，凡是参保学校组织的体育运动，无论是体育课、体育比赛、体育活动还是体育训练都将得到有效保障。体育运动保障基金将采取以支定收的方式进行管理，增值运行，保证筹集到的资金全部用于学生体育运动伤害赔付。当年结余滚存入下一年，不足部分由保险公司先行垫付。基金不需缴纳管理费，账户余额还可实现2.5%年利率的收益。已参加中国人寿校园意外险的学校并不需要额外缴纳费用，未参加的学校则按每生每年2元的标准自愿筹集资金并加入。基金将接受定期评估，并依据赔付情况，及时调整收费与赔偿标准。

## 学校安全事故应急处置流程图

**[学校突发安全事故]** → **[立即组织现场救助]**
- 1. 迅速判断伤情，分清轻重缓急，立即展开施救工作；
- 2. 通知校医、班主任、校领导赶赴现场；
- 3. 根据事故类型拨打"120""110""119"等求助电话，寻求专业救助。

**[立即组织现场救助]** → **[及时报告上级部门]** / **[尽快通知学生家长]**

关于上级报告：
- 1. 重大事故事发1小时内，向教育行政主管部门电话报告；同时，根据事故类别、性质，向相关行政监管部门电话报告；
- 2. 现场应急结束后，分别向上述有关部门报送文字报告；
- 3. 出现新情况后，向上级及时补报相关内容；
- 4. 如果事故重大，由政府或教育行政主管部门牵头处置，学校应服从指挥，全力做好配合工作。

关于通知家长：
- 1. 落实受伤害学生伤情、现处位置；
- 2. 通知家长尽快赶到指定地方；
- 3. 安排专人负责接待、照应和安抚工作。

**→ [注重现场保护和证据留存]**
- 1. 维护现场秩序，保障现场应急正常进行；
- 2. 保护事故现场，留存必要现场证据；
- 3. 保留书证、物证、视听资料、电子数据、证人证言、鉴定意见、勘验笔录、现场笔录、当事人的陈述等相关证据。

**→ [严格控制舆情发展]**
- 1. 稳定校内师生情绪，做好事故通报、精神安抚、心理疏导、恢复教学等工作；
- 2. 稳定校外事态，召开临时家长会，通报事故进展情况，做好受伤学生家长的安抚和协助工作；
- 3. 严控舆情发展，密切关注网络动态，积极与网监部门取得联系，及时对舆情作出回应。

**→ [迅速开展事故调查]**
- 1. 由上级调查的，学校要积极做好配合工作；
- 2. 由学校自查的，要严肃认真，注重程序、证据、专业，按时完成调查工作并向教育行政主管部门提交事故调查报告。

**→ [及时对事故做出处理]**
- 1. 对学校及相关责任人员进行责任追究；
- 2. 与受伤害学生及家长积极协商解决方案。

**→ [认真做好教育总结]**
- 1. 公布事故调查结果；
- 2. 公布上级及学校对相关责任人员的处理意见；
- 3. 教育广大教职工恪尽职责，严防事故发生。

学校安全事故应急处置流程图

# 第二章

## 依法处理学校安全事故纠纷

# 第一节
# 学校安全事故纠纷处理原则

学校安全事故纠纷处理原则，是贯串事故处理各环节的基本遵循，对学校安全事故纠纷处理有着根本指导作用。根据教育部《学生伤害事故处理办法》、教育部等五部门《关于完善安全事故处理机制 维护学校教育教学秩序的意见》等规定，学校安全事故纠纷处理原则，包括依法依规原则、注重协商和调解原则、客观公正原则、合理适当原则和及时妥善原则。

## 一、依法依规原则

依法依规原则，就是指学校安全事故纠纷的处理必须符合有关法律法规和其他规范性文件的规定。这是以法治方式解决纠纷的内在必然要求，也是维护各方当事人合法权益的根本保证。学校安全事故纠纷的处理涉及学校和教师的教育管理职责、安全事故的性质、学校承担责任的性质、事故处理的程序、侵权赔偿的范围和责任大小等。对此，我国《中华人民共和国民法典》《中华人民共和国刑法》《中华人民共和国治安管理处罚法》《中华人民共和国教育法》《中华人民共和国教师法》《中华人民共和国未成年人保护法》《学生伤害事故处理办法》等都作了相应规定，为学校安全事故纠纷的处理提供了基本依据，明确了法律底线。

学校安全事故纠纷处理过程中，要坚守法律底线，根据事故客观事实和法律规定，明确各方责任。责任认定前，学校不得赔钱息事。经认定，学校确有责任的，要积极主动、按标准依法确定赔偿金额，给予损害赔偿。学校无责任的，要澄清事实、及时说明。应明确划分赔偿责任与人道主义援助、社会化救助的界限。任何组织和个人不得非法干涉纠纷处理。坚决避免超越法定责任边界，片面加重学校负担、"花钱买平安"，坚决杜绝"大闹大赔""小闹小赔"。原则上，公办中小学、幼儿园人身伤害事故纠纷涉及赔偿金额请求较大的，应当积极引导当事人通过人民调解等方式解决。各地可以根据当地实际情况，规定公办中小学校、幼儿园协商赔偿的限额。

## 二、注重协商和调解原则

实践中，学校安全事故发生后，对于责任认定、赔偿数额等，受伤害方往往倾向于强调学校责任，向学校提出超出法律规定的诉求和较高数额的赔偿请求。由于当事各方没有积极进行协商，或者各方之间缺乏中立、权威、有效的第三方调解，学校在事故处理中直接面对受伤害方。一些学校处置应对不专业、不到位，受伤害方和学校容易产生对立情绪，往往难以达成一致意见。由于诉讼途径费时长、程序多、成本高，许多受伤害方不愿意通过诉讼方式解决纠纷，往往选择将"闹"作为与学校博弈、争取最大限度赔偿的手段。为妥善化解矛盾纠纷，应注重协商和调解。一是推动平等协商。学校安全事故责任明确、双方无重大分歧的，可以协商解决。二是注重第三方调解。第三方调解包括人民调解委员会的人民调解、教育主管部门的行政调解等。通过推进第三方调解，实现能调尽调。三是诉讼调解。人民法院对起诉的学校安全事故侵权赔偿案件应当及时立案受理，积极开展诉讼调解。当然，也可以进行诉前调解。

## 三、客观公正原则

　　客观,就是要求事故处理始终坚持实事求是的态度,做到事实清楚、定性准确、责任明确。如果不实事求是,公正也就无从保障。比如,对于安全事故发生的原因、过程和后果,要及时进行全面客观调查。学校和家长都不能主观臆断,更不能隐瞒事故发生的原因,不得弄虚作假。公正,就是事故责任的认定要公平正直,不偏不倚。这就要求既要依法保护学生的合法权益,也不能要求学校履行法律规定以外的义务,应当实事求是地判断学校履行教育管理职责的情况和学生自身的行为。学校不能推卸自己的法定责任,学生及其监护人不能随意将全部责任推给学校。所以学校安全事故的处理要按照《中华人民共和国民法典》等相关法律法规,参照《学生伤害事故处理办法》等规章,明确划分法律责任。对学校已经依法履行教育、管理职责,行为无过错的,学校不承担赔偿责任。诉讼调解、裁判过程中,要切实保护双方权利,杜绝片面加重学校赔偿责任的情形。

## 四、合理适当原则

　　各方当事人提出的解决方案或要求应合理可行。事故责任方要充分考虑事故给受伤害学生及家庭带来的损害,要按标准依法给予损害赔偿,使受伤害学生得到相应的治疗和康复,不能敷衍塞责。受害方要依照法律规定的程序和方式表达意见和诉求,不应脱离实际损害后果,提出不切实际和不符合法律规定的巨额索赔,也不能提出与救助受伤害学生无关的不合理要求,更不能采取"校闹"等行为,谋求不正当利益。学校在纠纷处理过程中,要坚守法律底线,以法治思维和法治方法解决问题,对不合法的无理要求要坚持"闹也不赔",杜绝不顾法律原则的"花钱买平安"。

## 五、及时妥善原则

为了查明事实和分清事故责任,使受伤害学生尽快依法得到赔偿,减少事故对教育教学秩序的影响,应当坚持及时妥善的处理原则。贯彻及时妥善的处理原则,要做好以下几点。

(一)及时救助

发生学校安全事故后,首先应当及时妥善救治伤者,将伤害的后果降到最低程度。

(二)及时调查

学校安全事故久拖不决,会增加事故处理的难度。及时调查取证,真实客观反映造成事故的原因,有利于公正地划分事故责任,使事故妥善得到解决。

(三)及时履行侵害未成年人案件强制报告职责

《关于建立侵害未成年人案件强制报告制度的意见(试行)》规定,学校或教师在工作中发现未成年人遭受或者疑似遭受不法侵害以及面临不法侵害危险的情况,应当立即向公安机关报案或举报。这些情况包括:未成年人的生殖器官或隐私部位遭受或疑似遭受非正常损伤的;不满十四周岁的女性未成年人遭受或疑似遭受性侵害、怀孕、流产的;十四周岁以上女性未成年人遭受或疑似遭受性侵害所致怀孕、流产的;未成年人身体存在多处损伤、严重营养不良、意识不清,存在或疑似存在受到家庭暴力、欺凌、虐待、殴打或者被人麻醉等情形的;未成年人因自杀、自残、工伤、中毒、被人麻醉、殴打等非正常原因导致伤残、死亡情形的;未成年人被遗弃或长期处于无人照料状态的;发现未成年人来源不明、失踪或者被拐卖、收买的；发现未成年人被组织乞讨的；其他严重侵害未成年人身心健康的情形或未成年人正在面临不法侵害危险的。如果具备先期核实条件，学校可以对未成年人疑似遭受不法侵害的情况进行初步核实，并在报案或举报时将相关材料一并提交公安机关。

（四）及时赔偿

学校、教师管理不善、行为不当等确有责任的，学校要积极主动、按标准依法确定赔偿金额，给予损害赔偿，不得推诿塞责、拖延不办。学校无责任的，要及时说明。如为校方责任保险事故，应及时按保险合同约定办理保险理赔事宜，使受伤害学生更加及时、便利地获取赔偿。

（五）不得超期

严格遵循事故处理期限，把握处理节奏，做好不同程序之间的衔接。例如，教育部《学生伤害事故处理办法》第十九条和第二十条分别规定，教育行政部门收到调解申请，认为必要的，可以指定专门人员进行调解，并应当在受理申请之日起60日内完成调解。在调解期限内，双方不能达成一致意见，或者调解过程中一方提起诉讼，人民法院已经受理的，应当终止调解。调解结束或者终止，教育行政部门应当书面通知当事人。

（六）及时处理责任人

学校负责人或者直接管理者有责任的，教育及其他行政主管部门应当依法依规及时处理、严肃问责。

（七）及时立案和判决

人民法院对起诉的学校安全事故侵权赔偿案件应当及时立案受理，积极开展诉讼调解，对调解不成的，要及时依法判决。

# 第二节
# 学校安全事故处理法律依据

学校安全事故处理的法律依据是指在学校安全事故的处理过程中遵循的法律规定。对于学校来说，无论是规避学校安全事故的法律风险，还是完善学校安全事故的处理机制、学习相关的法律、应用相关的法律都是非常重要的。

根据法律规定的内容不同，可以将学校安全事故处理的法律依据分为实体性法律和程序性法律。其中实体性法律是规定学校安全事故处置中相关责任人权利、义务和法律责任的法律，而程序性法律则是规定处置学校安全事故的过程中，需要遵循的相关程序法律。

## 一、主要实体性法律依据

（一）《中华人民共和国民法典》

2020年5月28日，第十三届全国人民代表大会第三次会议表决通过了《中华人民共和国民法典》，自2021年1月1日起施行。

民法典是市场经济的基本法、市民生活的基本行为准则，法官裁判民商事案件的基本依据。民法典中专门在第一千一百九十九条、第一千二百

条、第一千二百零一条规定了学校发生人身安全事故民事侵权责任的认定原则。

（二）《中华人民共和国教育法》

《中华人民共和国教育法》（简称《教育法》）由第八届全国人民代表大会第三次会议于1995年3月18日通过，自1995年9月1日起实施，后经2009年和2015年两次修订。

《教育法》是我国教育领域的基本法律，规定了我国的基本教育制度、各种教育主体的基本权利和义务以及法律责任等。尤其是第七十二条规定："结伙斗殴、寻衅滋事，扰乱学校及其他教育机构教育教学秩序或者破坏校舍、场地及其他财产的，由公安机关给予治安管理处罚；构成犯罪的，依法追究刑事责任。侵占学校及其他教育机构的校舍、场地及其他财产的，依法承担民事责任。"这样的规定对有关部门处理"校闹"问题给予了法律支持。有关部门可以据此追究相关责任人的法律责任。

（三）《中华人民共和国义务教育法》

《中华人民共和国义务教育法》在二十四条第一款专门规定："学校应当建立、健全安全制度和应急机制，对学生进行安全教育，加强管理，及时消除隐患，预防发生事故。"该条规定对于学校的安全工作做出了全面的要求，要求学校在安全制度、应急机制、安全教育等方面做好相关管理，防范事故的发生。

（四）《中华人民共和国治安管理处罚法》

《中华人民共和国治安管理处罚法》（简称《治安管理处罚法》）由第十届全国人民代表大会常务委员会第十七次会议于2005年8月28日通过，2006年3月1日起实施，并在2012年进行了修订。

《治安管理处罚法》规定了治安管理处罚的种类、适用情况以及处罚程序等具体内容，既是公安机关及公安干警依法履行治安管理职责的重要法律，也是公民约束自身行为、保护自己合法权益的重要法律。无论在学校安全事故本身的行政法律责任的认定中,还是在学校安全事故后期处理的"校闹"处置方面,《治安管理处罚法》都具有重要的作用。

(五)《中华人民共和国刑法》

《中华人民共和国刑法》(简称《刑法》)由第五届全国人民代表大会第二次会议于1979年7月1日通过,自1980年1月1日起施行,后经多次修订。

《刑法》是规定什么行为是犯罪以及应当对犯罪处以何种刑罚的法律。犯罪是严重危害社会公共利益的违法行为,所以刑事法律责任也是法律责任体系中最为严重的。

极少数危害重大的学校安全事故可能构成教育设施重大安全事故罪等犯罪,同时学校安全事故处理过程中"校闹"的行为也有可能构成寻衅滋事罪、聚众扰乱社会秩序罪等犯罪,这都需要按照《刑法》的有关规定依法追究其刑事法律责任。

除上述法律外,《中华人民共和国教师法》《中华人民共和国未成年人保护法》《中华人民共和国预防未成年人犯罪法》等法律中都有与学校安全相关的条款。

## 二、主要程序性法律依据

(一)《中华人民共和国人民调解法》

《中华人民共和国人民调解法》(简称《人民调解法》)由中华人民共和国第十一届全国人民代表大会常务委员会第十六次会议于2010年8月28日通过,自2011年1月1日起施行。

人民调解是一项具有中国特色的化解矛盾、消除纷争的非诉讼纠纷解决方式,被国际社会誉为化解社会矛盾的"东方经验"。《中华人民共和国民事诉讼法》(简称《民事诉讼法》)对人民调解的性质和基本原则作了规定。1989年,国务院公布施行了《人民调解委员会组织条例》,进一步促进了人民调解工作的发展。《人民调解法》规定了人民调解委员会、人民调解员、调解程序、调解协议等内容。

在学校安全事故的处理过程中,调解也是一种重要的处理方式。因此,学校安全事故处理过程中的调解也要遵循《人民调解法》的有关规定。

(二)《中华人民共和国民事诉讼法》

《中华人民共和国民事诉讼法》(简称《民事诉讼法》)由第七届全国人民代表大会第四次会议于1991年4月9日通过,并于公布之日起实施,后经多次修订。

民事诉讼是指人民法院在当事人和其他诉讼参与人的参加下,在审理民事案件的过程中所进行的各种诉讼活动,以及由这些活动所产生的各种关系的总和。民事诉讼是诉讼的基本类型之一。

在学校安全事故处理过程中,如果当事人对事故的赔偿分担不能通过协商和调解达成一致意见,就可以提起民事诉讼,通过人民法院进行裁判。因此,《民事诉讼法》也是处理学校安全事故的重要法律依据。

(三)《中华人民共和国刑事诉讼法》

《中华人民共和国刑事诉讼法》(简称《刑事诉讼法》)由第五届全国人民代表大会第二次会议于1979年7月1日通过,并于发布之日起实施,后经多次修订。

刑事诉讼是指审判机关(人民法院)、检察机关(人民检察院)和侦查机关(公安机关含国家安全机关等)在当事人以及诉讼参与人的参加下,依照法定程序解决被追诉者刑事责任问题的诉讼活动。

在一些学校安全事故中,当事人有可能涉嫌犯罪。在这种情况下,就需要按照《刑事诉讼法》规定的有关程序由检察机关提起公诉,由人民法院进行审理,以决定当事人是否构成犯罪、构成何种犯罪以及处以何种刑罚。对于一些轻微刑事案件，学校安全事故的受害人也可以按照《刑事诉讼法》的规定提起自诉，直接向人民法院提起刑事诉讼。

另外，在学校安全事故的处置过程中，如果当事人采用违法手段侵犯学校、教师和学生及家长的合法权益，涉嫌犯罪的，也要依照《刑事诉讼法》规定的程序追究其刑事责任。

（四）《中华人民共和国行政复议法》

《中华人民共和国行政复议法》（简称《行政复议法》）由第九届全国人民代表大会常务委员会第九次会议于1999年4月29日通过，之后进行过两次修订。

行政复议是指与行政行为具有法律上利害关系的人认为行政机关所作出的行政行为侵犯其合法权益，依法向具有法定权限的行政机关申请复议，由复议机关依法对被申请行政行为合法性和合理性进行审查并作出决定的活动和制度。

在学校安全事故的处置过程中，如果学生、家长、学校和教师等认为教育、公安等行政机关的行政行为侵犯了自己的合法权益，可以依照《行政复议法》的有关规定，向行政复议机关提起行政复议，以维护自己的合法权利。

（五）《中华人民共和国行政诉讼法》

《中华人民共和国行政诉讼法》（简称《行政诉讼法》）由第七届全国人民代表大会第二次会议于1989年4月4日通过，并于2014年和2017年两次修订。

行政诉讼是指公民、法人或者其他组织认为行使国家行政权的机关和组织及其工作人员所实施的具体行政行为，侵犯了其合法权利，依法向人民法院起诉，人民法院在当事人及其他诉讼参与人的参加下，依法对被诉具体行政行为进行审查并作出裁判，从而解决行政争议的制度。

在学校安全事故的处置过程中，如果学生、家长、学校或教师等认为行使国家行政权的机关或组织的具体行政行为侵犯了自己的合法权利，可以依照《行政诉讼法》的有关规定提起行政诉讼，以维护自己的合法权利。

## 三、其他相关依据

除上述学校安全事故处置的直接法律依据之外，教育部等部委还针对学校安全以及安全事故的处理颁布过大量的政策文件，这些文件也是地方政府、教育行政部门和各级各类学校处理学校安全事故的依据。

（一）《关于加强中小学幼儿园安全风险防控体系建设的意见》

2017年4月，国务院办公厅发布了《关于加强中小学幼儿园安全风险防控体系建设的意见》，针对基层关心、社会关注的教育热点难点问题精准发力，对中小学、幼儿园安全风险防控体系进行了全面的顶层设计和系统的制度整合、机制创新，目的是加快形成党委领导、政府负责、社会协同、公众参与、法治保障的，科学系统、全面规范、职责明确的学校安全风险预防、管控与处置体系。

除了针对学校安全的预防和应急工作作出相关要求外，《关于加强中小学幼儿园安全风险防控体系建设的意见》还专门提出健全学校安全事故责任追究和处理制度、建立多元化的事故风险分担机制、积极构建学校依法处理安全事故的支持体系等具体规定。要求积极利用行政调解、仲裁、人民调解、保险理赔、法律援助等方式，通过法治途径和方式处理学校安全事故，及时依法赔偿，理性化解纠纷。对围堵校园、殴打侮辱教师、干扰学校正常教育教学秩序等"校闹"行为，公安机关要及时坚决予以制止。

（二）《学生伤害事故处理办法》

为积极预防、妥善处理学校安全事故，保护学生、学校的合法权益，教育部于2002年6月发布了《学生伤害事故处理办法》，并于2002年9月

1日正式实施。

《学生伤害事故处理办法》全面规定了学生伤害事故的相关责任分担等问题，是学校处理学校安全事故责任划分最直接的依据。教育部等五部委《关于完善安全事故处理机制 维护学校教育教学秩序的意见》要求，人民法院对起诉的学校安全事故侵权赔偿案件应当及时立案受理，积极开展诉讼调解，对调解不成的，要按照《中华人民共和国侵权责任法》和相关法律法规，参照《学生伤害事故处理办法》等规章，明确划分责任，及时依法判决。[①]

（三）《中小学幼儿园安全管理办法》

2006年，教育部会同公安部、司法部、建设部、交通部、文化部、卫生部、国家工商行政管理总局、国家质量监督检验检疫总局、新闻出版总署联合发布了《中小学幼儿园安全管理办法》，并于2006年9月1日正式实施。

《中小学幼儿园安全管理办法》共分为总则、安全管理职责、校内安全管理制度、日常安全管理、安全教育、校园周边安全管理、安全事故处理、奖励与责任、附则等部分，对中小学幼儿园的安全管理工作进行了全面的规定。

《中小学幼儿园安全管理办法》特别规定：校外单位或者人员违反治安管理规定、引发学校安全事故的，或者在学校安全事故处理过程中，扰乱学校正常教育教学秩序、违反治安管理规定的，由公安机关依法处理；构成犯罪的，依法追究其刑事责任；造成学校财产损失的，依法承担赔偿责任。

除上述三份最为主要的政策文件外，国务院、教育部、公安部、最高人民法院等还曾针对学校安全颁布了很多相关的规定，其中的要求都需要学校认真学习、严格落实，确实保障学校的安全。

---

[①] 《中华人民共和国民法典》于2021年1月1日起正式实施，同时《中华人民共和国侵权责任法》废止，相应条款由《中华人民共和国民法典》中的相关条款替代。

# 第三节
# 学校安全事故相关法律责任

学校安全事故的法律责任主要有民事法律责任、行政法律责任和刑事法律责任三种。

## 一、民事法律责任

民事法律责任是民事主体对于自己因违反合同，不履行其他民事义务，或者侵害国家的、集体的财产，侵害他人的人身财产、人身权利所造成法律后果，依法应当承担的民事法律责任。《民法典》是判断学校安全事故中民事法律责任最主要的法律依据。在《民法典》中，有三个条款明确规定了学生在学校发生伤亡情况的侵权责任。根据《关于完善安全事故处理机制 维护学校教育教学秩序的意见》的规定，人民法院要按照《中华人民共和国侵权责任法》和相关法律法规，参照《学生伤害事故处理办法》等规章，明确划分责任，及时依法判决；对学校已经依法履行教育、管理职责，行为无过错的，应当依法裁判学校不承担责任。

依据《民法典》以及其他法律法规、司法解释的有关规定，如果学校在学校安全事故中有过错，就要根据过错的大小承担相应的责任，即学校在学校安全事故中要根据过错责任原则承担责任;学校有过错,就要担责任;学校没有过错,就不会承担责任。《民法典》同时规定,如果不满八周岁的未成年人在学校受到伤害,学校要根据一种特殊的过错责任原则——过错推定责任原则承担责任,即学校需要提交证据证明自己在学校安全事故当中没有过错。学校如果不能提交相应的证据证明自己没有过错,就要承担民事赔偿责任,这加大了学校对无民事行为能力学生的保护责任。除了过错责任原则,在一些极为特殊的情况下,学校还有可能根据其他的民事归责原则来承担学校安全事故的责任。

(一)过错责任原则在学校安全事故中的适用

1. 一般的过错责任原则

限制民事行为能力学生(一般指八周岁至十八周岁学生,但十六周岁以上的未成年人,以自己的劳动收入为主要生活来源的除外)在校期间如果发生意外伤害,适用一般的过错责任,即学校应当根据自己在学校安全事故中的过失大小承担民事赔偿责任。《民法典》第一千二百条规定:"限制民事行为能力人在学校或者其他教育机构学习、生活期间受到人身损害,学校或者其他教育机构未尽到教育、管理职责的,应当承担侵权责任。"据此,如果学校的过错是学生发生伤害的唯一原因,那么学校就要承担全部的赔偿责任;如果学校的过错是学生发生伤害的部分原因,那么学校就要根据自己的过错承担部分的赔偿责任;如果学校对于学校安全事故的发生没有任何过错,那么学校就不应承担赔偿责任。

根据《民法典》的上述规定,限制民事行为能力人在学校或者其他教育机构学习、生活期间受到人身损害的,如果该限制民事行为能力人或者其监护人能够证明学校或者其他教育机构没有尽到教育、管理职责,对该限制民事行为能力人所发生的人身损害有过错,学校或者其他教育机构就要承担责任。《教育法》《未成年人保护法》以及其他地方性法规和部门规章,对学校和其他教育机构的教育、管理职责做了具体规定,只要能够证明学校违反了这些规定，使得限制民事行为能力人在学习、生活期间受到人身损害的，学校就要承担责任。例如《学生伤害事故处理办法》具体规定了学校应当根据过错承担相应责任的12种具体情形。

（一）学校的校舍、场地、其他公共设施，以及学校提供给学生使用的学具、教育教学和生活设施、设备不符合国家规定的标准，或者有明显不安全因素的。

（二）学校的安全保卫、消防、设施设备管理等安全管理制度有明显疏漏，或者管理混乱，存在重大安全隐患，而未及时采取措施的。

（三）学校向学生提供的药品、食品、饮用水等不符合国家或者行业的有关标准、要求的。

（四）学校组织学生参加教育教学活动或者校外活动，未对学生进行相应的安全教育，并未在可预见的范围内采取必要的安全措施的。

（五）学校知道教师或者其他工作人员患有不适宜担任教育教学工作的疾病，但未采取必要措施的。

（六）学校违反有关规定，组织或者安排未成年学生从事不宜未成年人参加的劳动、体育运动或者其他活动的。

（七）学生有特异体质或者特定疾病，不宜参加某种教育教学活动，学校知道或者应当知道，但未予以必要的注意的。

（八）学生在校期间突发疾病或者受到伤害，学校发现，但未根据实际情况及时采取相应措施，导致不良后果加重的。

（九）学校教师或者其他工作人员体罚或者变相体罚学生，或者在履行职责过程中违反工作要求、操作规程、职业道德或者其他有关规定的。

（十）学校教师或者其他工作人员在负有组织、管理未成年学生的职责期间，发现学生行为具有危险性，但未进行必要的管理、告诫或者制止的。

（十一）对未成年学生擅自离校等与学生人身安全直接相关的信息，学校发现或者知道，但未及时告知未成年学生的监护人，导致未成年学生因脱离监护人的保护而发生伤害的。

（十二）学校有未依法履行职责的其他情形的。

根据《学生伤害事故处理办法》第十二条的规定，因下列情形之一造成的学生伤害事故，学校已履行了相应职责，行为并无不当的，无法律责任。

（一）地震、雷击、台风、洪水等不可抗的自然因素造成的。

（二）来自学校外部的突发性、偶发性侵害造成的。

（三）学生有特异体质、特定疾病或者异常心理状态，学校不知道或者难于知道的。

（四）学生自杀、自伤的。

（五）在对抗性或者具有风险性的体育竞赛活动中发生意外伤害的。

（六）其他意外因素造成的。

根据《学生伤害事故处理办法》第十三条的规定，下列情形下发生的造成学生人身损害后果的事故，学校行为并无不当的，不承担事故责任；事故责任应当按有关法律法规或者其他有关规定认定。

（一）在学生自行上学、放学、返校、离校途中发生的。

（二）在学生自行外出或者擅自离校期间发生的。

（三）在放学后、节假日或者假期等学校工作时间以外，学生自行滞留学校或者自行到校发生的。

（四）其他在学校管理职责范围外发生的。

学校安全事故中的过错包括故意和过失。故意是指学校或者教职工明知自己的行为会发生学生伤害的结果，并且希望或者放任这种结果发生。例如，教师体罚学生导致学生受伤。过失又分为疏忽大意的过失和过于自信的过失。疏忽大意的过失是指学校或教职工应当预见自己的行为可能发生学生伤害的结果，但因为疏忽大意而没有预见，以致发生这种结果的。例如，教师在课堂进行化学实验演示时，不慎烫伤坐在前排的同学。过于自信的过失是指学校或教职工已经预见自己的行为可能发生学生伤害的结果，但因为过于自信而轻信能够避免，以致发生这种结果的。例如，某校长在有教师向其提醒教学楼楼道的电灯发生故障应及时修理后，虽认识到有风险，但存在侥幸心理没有及时安排电工修理，以致当晚学生下晚自习时楼梯处过于黑暗，发生多人踩踏伤亡的事故。

对于学校没有过错的学校安全事故，应当由对引发学生伤害负有过错的当事人承担或学生监护人自行承担。另外，根据《学生伤害事故处理办法》第十四条的规定，因学校教师或者其他工作人员与其职务无关的个人行为，或者因学生、教师及其他个人故意实施的违法犯罪行为，造成学生人身损害的，由致害人依法承担相应的责任。

此外，《民法典》第一千一百七十六条也规定了文体活动中的自甘风险制度："自愿参加具有一定风险的文体活动，因其他参加者的行为受到损害的，受害人不得请求其他参加者承担侵权责任；但是，其他参加者对损害的发生有故意或者重大过失的除外。活动组织者的责任适用本法第一千一百九十八条至第一千二百零一条的规定。"

2.过错推定责任原则

不满八周岁的学生在校期间发生伤害事故，适用过错推定责任原则。《民法典》第一千一百九十九条规定："无民事行为能力人在幼儿园、学校或者其他教育机构学习、生活期间受到人身损害的，幼儿园、学校或者其他教育机构应当承担侵权责任；但是，能够证明尽到教育、管理职责的，不承担侵权责任。"

过错推定责任原则，是指在适用过错责任原则的前提下，在某些特殊的场合，由损害事实本身推定行为人有过错，并据此确定过错行为人赔偿责任的归责原则。过错推定责任原则在本质上仍然是过错责任原则，只不过它是过错责任原则的一种特殊表现形式。过错推定与一般的过错责任原则最大的区别在于举证责任的不同。传统的过错责任原则采取"谁主张、谁举证"的原则，受害人要提出损害赔偿的请求，需就行为人具有过错提出证明。在我国，一般侵权行为适用过错责任原则，因此受害人应承担过错的举证责任。而在过错推定责任中，采取了举证责任倒置的方式，行为人若不能提出合理的抗辩事由的存在以证明其没有过错则将被推定有过错。

根据《民法典》的上述规定，无民事行为能力人在幼儿园、学校或者其他教育机构学习、生活期间受到人身损害的，幼儿园、学校或者其他教育机构应当证明自己已经尽到了教育、管理的职责，对该民事行为能力人所发生的人身损害没有过错，否则就要承担责任。

除此之外，《民法典》还规定了一些特殊的情形要适用过错推定责任原则，主要有：学校建筑物上的搁置物、悬挂物坠落伤人；学校内的堆放物伤人；学校的树木折断伤人；学校内的下水井等伤人。在以上这些情况中，即使是八周岁以上的学生，学校也必须拿出自己已经尽到了自己应尽义务的证据，否则就要承担赔偿责任。

在近些年的司法案例中，有一些法院以学校安全教育不到位为由认定学校在学校安全事故中具有过错。为了避免这种将学校过错扩大化的情况出现，学校和教师一定要对平时的安全教育和安全管理进行记录，以便在事发后证明已经对学生开展了全面、有效的安全教育。

（二）无过错责任原则在学校安全事故中的适用

无过错责任原则是指没有过错，但法律规定应当承担民事责任的，应当承担民事责任。《民法典》第一千一百六十六条规定："行为人造成他人民事权益损害，不论行为人有无过错，法律规定应当承担侵权责任的，依照其规定。"学校只有在法律规定的特殊情况下，才会承担无过错责任。此时只要学生的损害是由学校的行为所致，不论学校有无过错都要承担民事责任。除非学校在证明自己无过错的同时，能够证明学生伤害是由受伤害学生的故意、第三人故意、不可抗力所致，则学校不承担民事责任。无过错责任原则在学校安全事故中的适用范围极其有限，根据《民法典》等法律的规定,仅在以下法律规定的情形下才可以适用。

第一,学校进行高危作业所致的学校安全事故。这主要是指学校的高压、易燃、易爆、剧毒、高放射性等高危作业导致的学生伤害。例如,学校的高压设备漏电导致学生发生了触电事故。

第二,因学校原因产生的环境污染所导致的学校安全事故。例如,学校化学实验室排放的实验废液污染环境导致学生中毒事故。

第三,因学校饲养的动物伤人所导致的学校安全事故。例如,学校饲养的猫、狗等动物划伤或咬伤学生所导致的伤害事故。

(三)公平责任在学校安全事故中的适用

公平责任是指当事人对造成损害都没有过错的,依照法律规定,由当事人分担损失。《民法典》第一千一百八十六条规定:"受害人和行为人对损害的发生都没有过错的,依照法律的规定由双方分担损失。"此条是公平分担损失的规定,但不是与过错责任原则、无过错责任原则并列的一项侵权责任的归责原则。为了避免公平分担损失的滥用,《民法典》规定了严格的适用条件,就是只能"依照法律的规定",即必须是法律规定适用公平责任的情形。这就改变了《侵权责任法》关于"可以根据实际情况,由双方分担损失"的规定。也就是说,如果法律没有明确具体规定由双方分担损失,就不能随意扩大解释而直接适用公平分担损失的规定。

这样的规定,对公平责任在学校安全事故中的适用进行了严格的限定,即在没有法律具体规定的前提下,不得以公平责任为由判决由学校承担安全事故的赔偿责任。这样的规定,有效地保障了学校的合法权益,是《民法典》在学校安全事故处理上的一大进步。但同时我们也需要注意,在无过错方时通过保险、基金、慰问金等形式对在学校安全事故中受伤害的学生及家庭给予帮扶。

(四)补充责任在学校安全事故中的适用

补充责任是指在不法行为人不能承担全部赔偿责任时,与其有特定联系的当事人依法就其不能偿付部分承担的间接责任。《民法典》第一千二百零一条规定了教育机构内第三人侵权时教育机构的补充责任。依据该规定，无民事行为能力人或者限制民事行为能力人在幼儿园、学校或者其他教育机构学习、生活期间，受到幼儿园、学校或者其他教育机构以外的第三人人身损害的，由第三人承担侵权责任；幼儿园、学校或者其他教育机构未尽到管理职责的，承担相应的补充责任。幼儿园、学校或者其他教育机构承担补充责任后，可以向第三人追偿。

在学校安全事故中依据《民法典》第一千二百零一条适用补充责任时应注意以下几点：首先，在第三人造成学校学生伤害的事件中学校必须未尽到管理职责，也就是说学校也存在一定的过错。如果学校在事件中没有明显的瑕疵，就不能以该条为依据要求学校承担补充责任。其次，第三人是指学校内部人员以外的人，不包括教学管理人员。学校内的教师、保安等学校内部人员，其行为属于履行职务的行为，应由学校承担替代责任。再次，学校补充责任的顺序是第二位的，且补充范围是有限的。即在校内发生第三人侵害案件时，由第三人承担侵权责任。在第三人不能完全承担责任的情况下，学校在其过错范围内承担补充责任。最后，学校拥有追偿权。学校承担补充责任后，可以向第三人追偿。

# 二、行政法律责任

学校安全事故的行政法律责任是指因违反行政法律规定或不履行行政法律义务所应承担的行政法律后果，主要有行政处分和行政处罚两种具体形式。

## （一）行政处分

教育行政处分是指国家机关对公务员等工作人员因为学校管理工作方

面的违法或者失职,或者学校等教育机构对教职工等工作人员违反学校有关安全管理规定,按照有关法律法规的授权而给予的一定惩戒。行政处分分为针对公务员的行政处分和针对教师的行政处分两种。

1. 针对学校管理者的政务处分

根据《公职人员政务处分法》的有关规定,政务处分适用于公职人员任免机关、单位对违法的公职人员给予处分。该法所称公职人员,是指《中华人民共和国监察法》第十五条规定的人员。其中,学校管理者属于《中华人民共和国监察法》第十五条第四款规定的"公办的教育、科研、文化、医疗卫生、体育等单位中从事管理的人员"。所以《公职人员政务处分法》适用于针对公办学校管理者的政务处分。

针对公职人员的处分一共有六种,警告、记过、记大过、降级、撤职、开除。在《公职人员政务处分法》中,具体规定了公职人员各种违法失职行为应当受到何种政务处分。按照《公职人员政务处分法》的规定,给予公职人员政务处分时,应当事实清楚、证据确凿、定性准确、处理恰当、程序合法、手续完备。

2. 针对教师的行政处分

针对教师的行政处分适用于人力资源和社会保障部、监察部在2012年颁布的《事业单位工作人员处分暂行规定》。另外,教育部颁布的《中小学教师违反职业道德行为处理办法(2018年修订)》,也对违反职业道德的教师行为及处分作出了规定。

与对公务员的行政处分相比,《事业单位工作人员处分暂行规定》的种类较少,只有警告、记过、降低岗位等级或者撤职和开除四种。但是《中小学教师违反职业道德行为处理办法(2018年修订)》规定了警告、记过、降低岗位等级或撤职、开除或者解除聘用合同等几种行政处分种类。

按照《中小学教师违反职业道德行为处理办法(2018年修订)》的规定,教师有下列行为之一的,视情节轻重分别给予相应处分。

（一）在教育教学活动中及其他场合有损害党中央权威、违背党的路线方针政策的言行。

（二）损害国家利益、社会公共利益，或违背社会公序良俗。

（三）通过课堂、论坛、讲座、信息网络及其他渠道发表、转发错误观点，或编造散布虚假信息、不良信息。

（四）违反教学纪律，敷衍教学，或擅自从事影响教育教学本职工作的兼职兼薪行为。

（五）歧视、侮辱学生，虐待、伤害学生。

（六）在教育教学活动中遇突发事件、面临危险时，不顾学生安危，擅离职守，自行逃离。

（七）与学生发生不正当关系，有任何形式的猥亵、性骚扰行为。

（八）在招生、考试、推优、保送及绩效考核、岗位聘用、职称评聘、评优评奖等工作中徇私舞弊、弄虚作假。

（九）索要、收受学生及家长财物或参加由学生及家长付费的宴请、旅游、娱乐休闲等活动，向学生推销图书报刊、教辅材料、社会保险或利用家长资源谋取私利。

（十）组织、参与有偿补课，或为校外培训机构和他人介绍生源、提供相关信息。

（十一）其他违反职业道德的行为。

值得注意的是，教师违反职业道德的行为还有可能触及刑法，例如，教师体罚学生或者对学生实施性侵害等都有可能构成相应的犯罪，此时学校必须将其及时移送司法机关，按照刑事案件的处理程序进行处理，而决不能以行政法律责任替代刑事法律责任。

《中小学教师违反职业道德行为处理办法（2018年修订）》规定，学校及学校主管教育部门发现教师可能存在违反职业道德的行为的，应当及时组织调查，核实有关事实，视情节轻重给予相应处理。作出处理决定前，应当听取教师的陈述和申辩，听取学生、其他教师、家长委员会或者家长代表意见，并告知教师有要求举行听证的权利。对于拟给予降低岗位等级以上的处分，教师要求听证的，拟作出处理决定的部门应当组织听证。

按照《中小学教师违反职业道德行为处理办法（2018年修订）》的规定，教师行政处分的权限按照处分的种类不同而不同。

（一）警告和记过处分，公办学校教师由所在学校提出建议，学校主管教育部门决定。民办学校教师由所在学校决定，报主管教育部门备案。

（二）降低岗位等级或撤职处分，由教师所在学校提出建议，学校主管教育部门决定并报同级人事部门备案。

（三）开除处分，公办学校教师由所在学校提出建议，学校主管教育部门决定并报同级人事部门备案。民办学校教师或者未纳入人事编制管理的教师由所在学校决定并解除其聘任合同，报主管教育部门备案。

（四）给予批评教育、诫勉谈话、责令检查、通报批评，以及取消在评奖评优、职务晋升、职称评定、岗位聘用、工资晋级、申报人才计划等方面资格的其他处理，按照管理权限，由教师所在学校或主管部门视其情节轻重作出决定。

（二）行政处罚

行政处罚是行政机关或者法定授权组织、行政委托组织，依法对违反行政管理秩序尚未构成犯罪的个人或组织给予的行政制裁。

教育行政处罚的种类必须尊重处罚法定的原则，即行政主体不能随意自设处罚种类，必须要按照有关法律法规规定的处罚种类实施处罚。《中华人民共和国行政处罚法》（简称《行政处罚法》）一共规定了六种行政处罚的种类。《教育行政处罚暂行实施办法》还规定了九种教育行政处罚的种类，其中有七种是教育行政执法所特有的。

我国《行政处罚法》规定的行政处罚种类有以下六种。

1. 警告和通报批评。通报是指行政机关对有违法行为的公民、法人或者其他组织提出告诫，使其认识所应负责任的一种处罚。警告一般适用于那些违反行政管理法规较轻微、对社会危害程度不大的行为。一般可当场做出。通报批评是指行政机关对违法行为人在一定范围内通过书面批评加以谴责和告诫，指出其违法行为，避免其再犯。相对于警告，通报批评的知晓范围要比警告更广一些，谴责程度也比警告要重。

2. 罚款、没收违法所得、没收非法财物。罚款是指行政机关依法强制违反行政管理法规的行为人（包括法人及其他组织）在一定期限内缴纳一定数量货币的处罚行为。没收违法所得，是指行政机关依法将当事人因实施违法行为而获得的款项强制无偿收归国有的一种行政处罚。没收非法财物，是指行政机关依法将当事人从事违法行为过程中的违禁物品、违法财物和违法工具强制无偿收归国有的一种行政处罚。

3. 暂扣许可证件、降低资质等级、吊销许可证件。暂扣许可证件，是指行政机关通过依法暂时扣留当事人合法持有的行政机关颁发的许可证件，以达到暂时剥夺当事人从事某项生产经营活动、执业权利的目的。这里的"许可证件"主要指行政机关根据公民、法人或者其他组织的申请，依据《行政许可法》，经依法审查，准予从事特定活动所颁发的许可证件，包括但不限于许可证、执照。降低资质等级，是指行政机关依法对违反行政管理秩序的当事人所取得的行政许可由较高等级降为较低等级，限制当事人生产经营活动范围的行政处罚。吊销许可证件，是指行政机关依法对违反行政管理秩序的当事人取消其持有的行政许可证件，剥夺当事人从事某项生产经营活动、执业权利的行政处罚。

4. 限制开展生产经营活动、责令停产停业、责令关闭、限制从业。限制开展生产经营活动，是指行政机关依法限制违反行政管理秩序的当事人从事新的生产经营活动或者扩大生产经营活动范围的行政处罚。责令停产停业，是指行政机关依法禁止违反行政管理秩序的当事人在一定期限内从事全部或者部分生产经营活动的行政处罚。责令关闭，是指行政机关依法禁止违反行政管理秩序的当事人从事全部生产经营活动的行政处罚。限制从业，是指行政机关依法限制违反行政管理秩序的公民从事一定职业的行政处罚。

5. 行政拘留。指公安机关和法律规定的其他机关对于违反治安管理处罚条例的公民，在短期内限制其人身自由的一种处罚措施，也是行政处罚措施中最严厉的一种。

6. 法律、行政法规规定的其他行政处罚。除了上述五大类行政处罚措施外，如果其他法律和行政法规规定的行政处罚，也可以适用于其适用范围的行政违法事件的处罚。

除此之外，《教育行政处罚暂行实施办法》规定的行政处罚种类还有以下一些：教师如果严重侵犯学生权益造成伤害，可能受到撤销教师资格的行政处罚。学校因为安全事故可能收到警告、通报批评、罚款、停止招生等处罚。

## 三、刑事法律责任

刑事法律责任是依据国家刑事法律规定，对犯罪行为依照刑事法律的规定追究的法律责任。值得注意的是，在我国《刑法》当中，专门规定了教育设施重大安全事故罪。教育设施重大安全事故罪，是指明知校舍或者教育教学设施有危险，而不采取措施或者不及时报告，致使发生重大伤亡事故，危害公共安全的行为。按照我国《刑法》第一百三十八条的规定，犯教育设施重大安全事故罪的，处三年以下有期徒刑或者拘役；后果特别严重的，处三年以上七年以下有期徒刑。这里的有期徒刑和拘役就是刑事法律责任。

除此之外，学校安全工作中有可能承担刑事法律责任的主要有教育设施重大安全事故罪、渎职罪等具体的犯罪类型。其他学校中可能发生侵害学生安全的犯罪还有故意伤人罪、故意伤害罪，强奸罪、侮辱罪等。

> **典型案例**
>
> 2014年9月26日，某小学放置于学生宿舍楼过道的海绵垫倒在过道里，学生午休后起床返回教室时，先期下楼的学生在通过海绵垫时发生跌倒，后续下楼的大量学生不清楚情况，继续向前拥挤造成相互叠加挤压，导致严重伤亡。该校直接责任人被人民法院以学校教育设施重大安全事故罪判处一年到二年有期徒刑。

# 第四节
# 学校安全事故处理证据收集

在学校发生学校安全事故之后，很可能随之而来的就是关于事故的责任认定以及经济赔偿的法律纠纷。无论是责任认定还是赔偿处理，都应尽量还原事发真相。但是时空无法重回，这时证据就显得尤为重要，它可以最大限度证明事发时的真实情况。在司法实践中，人们常说："打官司就是打证据。"在案件的审理过程中，法官判案的依据是本案证据所能证明的事实。所以全面、客观、及时地依法收集证据，是学校妥当处理学校安全事故的重要保障。一些学校因为对事故的举证责任认识不清，没有重视事故的证据收集，导致在学校安全事故处理中处于被动局面，甚至在诉讼中败诉。因此，学校在日常教育教学管理中应当树立证据意识，重视日常工作中以及事故发生后各种证据的收集工作。

## 一、学校在学校安全事故当中的举证责任

学校安全事故中的举证责任是指事故的当事人对自己提出的主张，有提出证据并加以证明的责任。假如当事人对自己的主张不能提供证据或者提供证据后不能证明自己的主张，将可能导致法院作出对自己不利的裁判。依照我国《民事诉讼法》关于"当事人对自己提出的主张，有责任提供证据"的规定，即"谁主张，谁举证"的原则，学校安全事故的各方当事人都有责任对自己的主张提供证据并加以证明。只有法律规定无须证明的事实，当事人方可不负举证责任，例如，事故当事各方共同认可的事实、众所周知的事实和自然规律及定理等。

根据《民法典》的有关规定，无民事行为能力学生，即不满八周岁的未成年学生在学校受到伤害后，实行举证责任倒置。也就是说，无民事行为能力的学生诉学校承担因意外伤害造成的损失时，必须由学校首先提交自己没有过错的证据，学校能够证明尽到教育、管理职责的，不承担侵权责任。而假如学校不能提交充分有效的证据证明自己没有过错，就要承担相应的法律责任。

对于八周岁以上的限制民事行为能力学生在校发生的伤害事故，首先要由学生和家长提交学校负有过错的证据，但学校也需要在反驳对方观点时提交相应的反证。另外，按照《民法典》的有关规定，在一些特殊的学校安全事故类型中，即使是八周岁以上的学生受到伤害，学校也要适用过

错推定责任，这些事故类型主要有：学校建筑物上的搁置物、悬挂物坠落伤人；学校的堆放物伤人；学校的树木折断伤人等。在这些事故中，学校也必须要用充分的证据证明自己已经尽到了应尽的义务，在事故的发生过程中不存在过错，否则也要承担赔偿责任。

## 二、学校安全事故中的证据效力

在学校安全事故的处理中，双方当事人有时会对同一事实分别举出相反的证据，这时就涉及证据的证明效力问题。根据我国有关法律法规的规定，不同类型的证据，其证明效力是不一样的。在司法实践当中，如果两份证据证明的事实截然相反，法官也会根据证据的不同效力决定取舍。

（一）经过公证的证据效力更高

我国《民事诉讼法》将证据分为书证、物证、视听资料、证人证言、当事人陈述、鉴定意见、电子数据和勘验笔录等八种。根据有关法律法规的规定，物证、档案、鉴定意见、勘验笔录等证据，如果经过公证机关的公证，其证据效力就会大于普通的证据。所以学校在关键性证据的收集过程中，可以及时委托公证机关介入，对证据的真实性进行公证，以增强证据的证明力。

（二）尽量获取第一手的原始证据

原始证据是指直接来源于案件事实的证据，即所谓的第一手材料，如学校的入学通知书、学生的体检报告书、使学生受伤的物品等原件。与原始证据相对应的是派生证据，是指从原始证据中派生出来的证据，如学生体检报告书的复印件，使学生受伤物品的照片等。原始证据因为直接来源于案件，具有较强的可靠性，而派生证据是复制的证据，所以真实性相对原始证据就要大打折扣。因此学校在收集证据时，要尽量获取第一手的原始证据。

（三）不能单独使用的证据

考虑不同证据类型的证明效力，《最高人民法院关于民事诉讼证据的若干规定》要求以下证据不能够单独作为认定案件事实的依据：当事人的陈述；无民事行为能力人或者限制民事行为能力人所作的与其年龄、智力状况或者精神健康状况不相当的证言；与一方当事人或者其代理人有利害关系的证人陈述的证言；存有疑点的视听资料、电子数据；无法与原件、原物核对的复制件、复制品。这些证据要与其他证据共同使用，才具有相应的证明能力。学校对于这些不能单独使用的证据，还要尽量收集其他的证据，与其配合使用，才能得到法官的认可。

## 三、学校安全事故中的证据收集

（一）收集证据应当及时

因为证据本身的特点，很多物证如果不及时收集，日后便很难得到。而且因为主观方面的原因，学校如果不及时收集有关目击者、知情人的证言，日后再去收集时会遇到很大的麻烦。

（二）收集证据应当合法

学校收集证据的程序一定要合法。例如，学校对知情学生以不准上学等相威胁，要求其提供有利于学校的证言，这不仅侵犯学生的受教育权，而且在日后的诉讼中也有可能使对方当事人质疑该学生证言的可信性。

（三）收集证据应当严谨

在收集证据的过程中，学校一定要注意过程的严谨，防备收集的证据在今后使用时出现瑕疵，例如，在收集证人证言时，一定要让证人在证言笔录上签字，也可以利用录音等手段进行记录。值得注意的是，司法鉴定书和伤残鉴定书的开具需要具有鉴定资质的单位开具,确有必要时,可以聘请律师协助收集证据,并委托公证机关对人证、物证加以公证,以增强证据的效力。

(四)收集证据应当全面

首先,对于各种证据,要尽可能地多收集,以备在日后选用。其次,收集的证据不仅仅是事故发生之后出现的证据,有很多证据是在事故发生之前学校就要注意收集和保存的。例如,班主任为学生开具的出门条、家长为学生开具的请假条等,家长和教师的微信交流记录等。学校和有关教师一定要注意证据保存的时限,以防止出现事后难以收集证据的现象。最后,收集证据时尽可能收集证据效力高的原始证据、直接证据,但对于一些效力较低的传来证据、派生证据也不能轻视,要注意全面收集,这样学校才能在今后选取证据时更加有针对性。

# 第五节
# 学校安全事故纠纷协商机制

学校安全事故责任明确、各方无重大分歧或异议的,可以通过协商的方式处理解决。该方法简单易行、快速高效、积极稳妥、节约精力,有利于家校双方当事人统一认识、增进了解、互谅互让,也有利于日后受伤害学生在校学习生活。因此,教育行政部门应当指导学校建立健全学校安全事故纠纷协商机制,为及时妥善处置学校安全危机、维护正常教育教学秩序奠定良好基础。

值得注意的是，《关于完善安全事故处理机制 维护学校教育教学秩序的意见》对协商机制的适用范围进行了原则性的限定："原则上，公办中小学、幼儿园人身伤害事故纠纷涉及赔偿金额请求较大的，应当积极引导当事人通过人民调解等方式解决。各地可以根据实际，规定公办中小学校、幼儿园协商赔偿的限额。"这就将一些大额诉讼请求的学校安全事故纠纷解决排除在外。

# 一、学校安全事故处理的协商机制

（一）成立学校安全事故善后处理领导小组

领导小组应由校长、安全副校长、法治副校长、安保主任、家长委员会代表及相关人员组成。因为协商涉及很多专业的法律问题，所以建议学校的法律顾问全程介入学校与家长的协商过程。必要时可邀请保险公司人员参加。

校长负责事故善后处理全面工作，主管副校长负责协调、协商等具体实施工作，法治副校长及法律顾问负责事故责任分析、评定、相关证据收集及依法确定赔偿项目、赔偿数额等工作，保险公司工作人员主要负责就学校赔偿数额与校方责任保险、学生意外伤害保险等承保公司沟通工作。

（二）学校安全事故纠纷协商原则

1. 自愿原则。由于协商不是解决民事纠纷的必经程序，所以只有在学校和受伤害学生家长双方都同意的情况下才能组织开展协商，并在双方当事人都自愿的基础上达成协议。

2. 平等原则。各方当事人在协商的过程中地位平等，任何一方不能利用自己的特殊身份或者采用非法的手段强迫对方接受自己的要求。

3. 合法原则。协商的前提是必须要分清责任、明确是非，必须符合相关的法律、法规，最终达成的协议本身也要合法，否则无效。

（三）学校安全事故纠纷协商双方应遵守的规定

1. 参与协商的当事人是受到伤害的学生及其所就读的学校。其中，受伤害的中小学生应由其法定监护人代理其与学校进行协商，法定监护人不能参加的，可委托其近亲属或其他代理人参加。

2. 协商应当是当事人真实意思的表示。协商的整个过程应该建立在自愿的基础上，任何一方不得用胁迫、欺诈等手段迫使对方同意。

3. 协商的内容应当合法。不得违反国家法律法规的强制性规定，不得损害社会公共利益，也不得损害第三人的合法权益。

4. 协商期间不得以任何理由干扰学校正常教育教学秩序。

5. 协商成功后应当形成书面协议并由当事人签字盖章生效；若协商不成，则终止协商，建议受伤害学生家长选择调解、诉讼等途径处理解决。

（四）协商地点与人员

1. 协商地点一般应选择在学校内，或在符合条件的第三方场所，如果受害方住在宾馆，也可选择在宾馆进行。协商场所允许安装录音、录像等设备用以记录留证。

2. 协商参与人员不宜过多，各方一般以 3—5 人为宜。校方应委派一名副校长主持协商，参加人员可以包括法治副校长、安全主任、班主任等；学生方应由受伤害学生法定监护人、近亲属等参加。如果学生方有法律顾问，学校也应有法律顾问参加。

3. 协商过程中，学校应安排安保人员在场，以防止发生冲突。如果学生死亡或伤害后果较为严重，或家长态度较为强烈，学校应在协商前邀请驻地派出所民警在谈判场所外施以治安保护。

## 二、学校安全事故纠纷的协商程序

学校一旦发生安全事故，如有学生在事故中受到伤害，应立即启动事故纠纷协商处理机制，按下列程序去做好协商准备、开始、进行、完结等工作。

（一）做好协商前准备工作

1.事故发生后，迅速了解掌握受伤害学生姓名、性别、所在班级、伤情等基本情况和受伤害学生家长姓名、职业、工作单位、联系方式等基本情况。

2.收集掌握与协商相关的证据，如证物、证言、照片、监控录像、事故调查笔录、公安及其他监管部门意见、建议、结论等。

3.在治疗期间，学校要积极关心受伤害学生，组织开展不同层次的慰问活动；在全力治疗、安抚帮助的同时，要向受伤害学生家长或者近亲属，告知事故纠纷处理的途径、程序和相关规定，积极主动地引导其以法治方式处理事故纠纷；逐步理清受害方角色关系，及时掌握其动态。

4.根据事故调查结果和已经掌握的相关证据，依法确定学校是否应对安全事故承担相应责任，责任比例多少。

5.学生医疗结束后，学校要主动向学生家长提出协商解决要求，如果家长同意，学校应尽快安排具体协商事项。

6.协商地点、人员、设施设备等准备完成后，校长应立即安排与学生家长见面，向对方表示同情及慰问，表明学校愿意通过协商的方式来处理事故纠纷。同时，向家长宣布学校委派某位校级领导全权负责协商事宜的决定。如果家长没有异议，则协商工作正式开始。

## （二）展开快速灵活有效的协商

1. 开始正式协商前，学校协商主持人应强调协商原则及双方需要遵守的相关规定，讲明设置录音、录像的理由，并征求对方的意见。如对方提出拍摄记录要求，学校应表示同意。

2. 协商双方互相介绍参加协商的人员，并各自确定一名主要发言人。

3. 由学校通报事故调查结果或事故发生经过，双方就学校是否应当承担责任进行辩论。校方要在对事故原因进行分析、出示相关证据材料的基础上，依据相关法律法规确定学校是否应因未尽教育、管理职责而承担责任。分清双方责任是进行协商的第一步，也是最为基础、最为重要的环节。只有在双方认可各自责任的条件下，协商才能继续进行。

4. 双方责任明确后，由受害方提出解决要求，并提供具体的赔偿项目及数额。学校要立即组织相关人员进行商议，逐项审核对方提出的赔偿要求，最终确定同意赔偿的内容，并说明理由。受害方可重新修改赔偿诉求，再交与学校方商议，如此往复，直至接近预期赔偿目标。

5. 协商实质上是一种谈判，学校需要掌握和使用一些技能技巧。如果商谈方向一致，双方差距不大，要趁热打铁、快速达成协议；如果商谈难以进展，可采用冷处理方法，避免激发矛盾；如果双方僵持不下，可以向对方提出要求教育行政主管部门进行行政调解或第三方调解的建议；如果家长漫天要价、态度强硬，则可终止商谈，让对方向有管辖权的法院起诉，寻求司法解决。

6. 双方协商达成共识后，应立即签订书面协议。协议内容要遵循法律，注意细节，不留尾巴，必要时可进行司法公证。如果双方在协商过程中出现争议，陷入僵局，迟迟得不到缓解，学校应当考虑选择放弃继续协商，以防矛盾纠纷进一步扩大。学校应及时建议家长通过行政调解、第三方调解、诉讼及其他方法来解决处理。

## 三、协商需要注意的事项

1. 协商赔偿的项目主要包括医疗费、住院伙食补助费、必要的营养费、护理费、交通费、住宿费、家长误工费、后续治疗费、残疾赔偿金、残疾辅助器具费、死亡赔偿金、丧葬费、精神损害抚慰金等国家法律规定的项目。以困难补助、人道主义补助、救济金等名义作为协商条件的，双方可自行商谈，但应符合相关法律法规。

2. 对于事故伤害是否给学生造成伤残，可依据医院诊断证明对照最高人民法院、最高人民检察院、公安部、国家安全部、司法部发布的《人体损伤致残程度分级》来进行议残。双方对受伤害学生伤残程度不存在争议的，不需要鉴定；如果任何一方存在争议，可以协商共同委托事故发生地或者学校所在地的司法鉴定机构进行鉴定。鉴定费用协商解决。

3. 学校应收集相关证据材料，对事故进行认真分析，结合相关法律法规，确定学校是否应承担责任及责任比例大小。学校责任一般可分为完全责任（100%）、主要责任（60%—90%）、同等责任（50%）、次要责任（20%—40%）及轻微责任（10%）。协商应依据学校对学生伤害承担的责任大小，最终确定赔偿数额。

4. 如果涉及学生死亡或伤害后果极为严重及其他特殊情形，学校可参考本地曾处理过类似事故的标准，适当调整学校事先预定的赔偿预期，并报请教育行政主管部门及其他上级有关部门批准。值得注意的是，各地可以根据实际，确定公办中小学校、幼儿园协商赔偿的限额。该规定是防止漫天要价，保障合理赔偿的有效措施，所以地方政府应当尽快落实。

5. 协商应只限于学校对学校安全事故应承担责任的经济赔偿范畴，不商议解决户口、住房、就业、入学等与学生伤害无直接关系的其他事项。

6. 学校无责任的，如果有条件，可以根据实际情况，本着自愿和可能的原则，对受伤害学生给予适当的帮助。

7. 如果在协商过程中发生冲突，应暂时停止协商；造成严重后果的，应及时向警方报案，由公安机关依据《治安管理处罚法》相关规定进行处理。是否重启协商程序，双方另行研究确定。

8. 协商时，学校可邀请法治副校长、属地派出所民警、街道社区人员、司法人员等共同参与，有时会收到更好效果。

## 四、学校安全事故处理的和解协议

学校与受伤害学生家长协商达成解决意见后，应立即起草并签订和解协议。

（一）和解协议书格式

1. 标题。写"学生伤害和解协议书"或"学校安全事故和解协议书"或"协议书"均可。

2. 协议人名称。写明学校名称、地址、联系方式和受伤害学生及其法定监护人的姓名、性别、出生日期、身份证号码、户籍地、住址、联系方式等。

3. 协商事故。写明需要和解的事故详细经过和各方应承担的责任比例。

4. 协商结果。需要分条详列双方达成的和解条件。

（1）和解经济费用，主要包括：

医药费（凭受害方提供的医院有效收据结算）。

误工费、护理费、交通费、住宿费、住院伙食补助费、营养费、后续治疗费及精神损害抚慰金等费用。

学生伤害导致死亡的，需列明死亡赔偿金、丧葬费。

学生伤害构成伤残的，需列明伤残等级及赔偿数额。

其他和解经济补偿数额。

（2）写明协议履行后，当事人不得提出他项要求的兜底条款。

（3）协议生效的条件及时间。

（4）协议执行的方式及时间。

5.落款。学校加盖公章及负责人签字，其他和解方签字并按手印，如有见证人，则见证人也需签字按手印，写明签字年月日。

附：学校安全事故和解协议书。

---

**学校安全事故和解协议书**

甲方：_____学校（学校地址、联系方式、联系人）

乙方：_____学生（所在班级）

_____学生法定监护人（姓名、住址、联系单位、身份证号码）

____年____月____日，_____学生在学校发生的安全事故中受到伤害（简述事故经过）。

学校与家长本着互谅互让、公平公正的原则，经多次协商，最终达成如下和解协议：

一、本次伤害事故由甲方承担_____%的责任、乙方承担_____%的责任。_____学生的伤害后果双方按照《人体损伤致残程度分级》，商议确认为_____级伤残。

二、按照我国有关法律规定，经核算，由甲方赔偿乙方总计_____元，其中包括：

1. 医药费：_____元

2. 护理费：_____元

3. 住院伙食补助费：_____元

4.营养费：_____元

......

三、赔偿款分两次给付，第一次于_____年_____月_____日前，数额为_____元；第二次于_____年_____月_____日前，数额为_____元。

四、本协议为最终解决协议。赔付结束后，乙方不得再对甲方提出任何诉求。如有异议，可通过司法途径进行处理解决。

五、本协议一式两份，分别由甲方和乙方持有，双方一经签字，即日生效。

_____学校　　　　　　　　　　　_____学生家长

签字（盖章）　　　　　　　　　　签字（按手印）

___年___月___日　　　　　　　　___年___月___日

### （二）签订和解协议书的注意事项

1.赔付款一般应分两次给付，例如第一次可付70%，其余应在学生方全部履行义务后再付清。

2.学校必须要在履行民事义务前拿到所有处理账务需要的证明材料，如死亡证明、火化证明、销户证明、住房证明、租房证明等。

3.如果学生是离异家庭，一定要获得受伤害学生的监护人相关证明，以免履行民事义务后发生新的纠纷。

4.和解协议书具有民事合同性质，当事人应当履行该调解协议约定的义务，任何一方当事人不履行的，另一方当事人可以向人民法院提起诉讼，请求法院判决对方当事人履行该义务。

# 第六节
# 学校安全事故纠纷调解制度

调解是指中立的第三方在当事人之间调停疏导，帮助交换意见，提出解决建议，促成双方化解矛盾的活动，是解决学校安全事故纠纷的重要途径之一。在我国，调解主要有诉讼调解、行政调解、仲裁调解和人民调解四种。调解与协商解决纠纷最大的不同就是除了当事人之外，调解还需要有一个第三方居中进行斡旋，以促成学校安全事故各方达成赔偿的统一意见。从学校安全事故处置的实践来看，我们可以根据居间人的不同，将学校安全事故的常见调解分为学校居间调解、校外调解和法院调解三种。

## 一、学校居间调解

对于因学生之间嬉戏、打闹等相互行为而引发的学校安全事故，学校可以作为居中调解人，在事发后主动联系、召集受伤害学生与肇事学生的家长，就医疗费等损失赔偿问题开展居中调解。学校居间调解一般不涉及学校的赔偿责任，学校只是帮助当事学生化解纠纷，达成和解。为了确保调解工作的效率、公平和公正，在调解前，学校应当通过调查，查明事故发生的原因、经过及损害后果（包括学生的伤情、医疗费支出等经济损失情况），分析、判断事故的责任归属（包括当事学生是否有责任、责任比例的大小等），并提出初步的调解方案（核心是损失赔偿金额）。

## （一）调解的方式

学校在开展居间调解时，既可以召集当事学生家长共同到校进行当面调解，也可以分别联系受伤害学生家长和肇事学生家长进行一对一调解。在调解过程中，学校可以提供校方事先准备的调解方案供双方家长参考，也可以分别征询双方家长各自的调解方案，并努力说服、促成双方达成一致意见。为保证调解工作的专业性，学校可以邀请法律顾问等专业人员协助校方开展调解工作。

## （二）调解的结果

经过学校居间调解，受伤害学生家长与肇事学生家长就事故损害赔偿问题达成一致意见的，双方可根据需要签订书面和解协议。经过调解双方无法达成一致意见的，学校应当终止调解，并建议、引导当事学生家长通过法律途径解决事故赔偿纠纷。

需要注意的是，当事学生家长认为学校也有过错、需要承担一定责任，学校不适合作为居间调解人的，如果肇事学生的行为涉及治安违法或刑事犯罪，依法需移交司法机关处置的，或者学生已经向人民法院提起诉讼的，学校不应再组织双方进行调解，调解工作正在进行的应当立即终止。

# 二、校外调解

校外调解，是指对于校方可能存在过错、需要承担责任的学校安全事故，在解决事故赔偿纠纷过程中，学校和当事学生家长均可提请校外第三方进行居中调解。校外调解包括机构调解和行政调解两种，其中机构调解是由学校安全事故纠纷调解组织机构居中进行调解，行政调解则是由教育行政等政府部门组织的调解。

除了各地根据《人民调解法》建立的人民调解组织外,《关于完善安全事故处理机制 维护学校教育教学秩序的意见》还要求各地教育部门应当会同司法行政机关推进学校安全事故纠纷调解组织建设,聘任人大代表、政协委员、法治副校长、教育和法律工作者等具备相应专业知识或能力的人员参与调解。建立由教育、法律、医疗、保险、心理、社会工作等方面专业人员组成的专家咨询库,为调解工作提供支持和服务。市、县两级行政区域内可根据需要设立学校安全事故纠纷人民调解委员会,对学校难于自行协商或者协商不成的安全事故纠纷实现能调尽调。

## (一)人民调解

如果当事学生家长认为学校在安全事故中有过错、需要承担责任的,学校可以和当事学生家长协商解决事故赔偿事宜,协商不成的,双方均可以向当地人民调解组织申请人民调解。当地成立了教育纠纷人民调解委员会或学校安全事故纠纷人民调解委员会等教育行业性人民调解组织的,双方当事人应当优先向该人民调解组织申请调解;当地未成立教育行业性人民调解组织的,双方当事人可向当地人民调解委员会申请人民调解。

现实中,一些学校和家长通过邀请人大代表、政协委员、街道办事处领导等德高望重的人员居中进行调解,以取得各方的信任,取得了良好的效果。另外,《关于完善安全事故处理机制 维护学校教育教学秩序的意见》还要求司法行政机关应当会同教育部门、人民法院加强对学校安全事故纠纷调解委员会的指导,帮助完善受理、调解、回访、反馈等各项工作制度,加强人民调解员队伍建设和业务培训,确保调解依法、规范、公正、有效进行。

### 1. 调解方案的提出

学校向人民调解委员会申请调解或者接受人民调解委员会组织调解的,应当向人民调解委员会告知校方的调解方案,并解释该方案的依据和理由。

人民调解委员会在调解过程中提出新的调解方案，学校认为该方案合法合理、校方有能力履行的，可予以接受。学校提出或接受的调解方案，不得违反法律、法规和政策规定。

2. 调解协议的签署

经过人民调解委员会的调解，学校和当事学生家长达成一致意见的，应当要求人民调解委员制作调解协议书。调解协议书应当载明：当事人的基本情况；纠纷的主要事实、争议事项以及各方当事人的责任；当事人达成调解协议的内容，履行的方式、期限。调解协议书自各方当事人签名、盖章或者按指印，人民调解员签名并加盖人民调解委员会印章之日起生效。调解协议书由当事人各执一份，人民调解委员会留存一份。

3. 调解协议的效力

依法签署的调解协议书，具有民事合同性质，对双方当事人具有法律约束力。经调解达成调解协议后，当事人之间就调解协议的履行或者调解协议的内容发生争议的，一方当事人可以向人民法院提起诉讼。

为了避免诉累、确保调解协议能够尽快得以执行，双方当事人也可在调解协议书签订后 30 日内，向主持调解的人民调解委员会所在地的基层人民法院或者它派出的法庭申请司法确认，请求法院依法确认该调解协议书的效力。法院依法作出确认决定后，一方当事人拒绝履行或者未全部履行调解协议内容的，另一方当事人可以直接向作出确认决定的人民法院申请强制执行。

（二）行政调解

行政调解，是指由行政机关主持，通过说服教育的方式，促使民事纠纷或轻微刑事案件的当事人自愿达成协议，化解纠纷的一种调解制度。

1. 行政调解的启动

根据《学生伤害事故处理办法》的规定，发生学校安全事故纠纷后，在双方自愿的情况下，学校和受伤害学生的家长可以书面请求主管教育行政部门进行调解。教育行政部门收到调解申请，认为必要的，可以指定专门人员进行调解，并应当在受理申请之日起 60 日内完成调解。另外，根据《关于完善安全事故处理机制 维护学校教育教学秩序的意见》的规定，地方教育部门根据需要也可以直接组织行政调解。此外，区域内的高等学校可以加强合作，联合建立事故纠纷调处机制。

2. 行政调解的具体实施

对于学校可能负有责任的学校安全事故，教育行政机关或者其他相关行政机关主动组织学校和当事学生家长进行调解的，学校应当积极予以配合。

学校在参与行政调解时，可向组织调解的行政机关提出校方的调解方案，并解释该方案的依据和理由。在行政调解过程中，行政机关提出新的调解方案，校方有能力履行，且该方案不违反法律、法规和政策规定的，学校应当予以接受。

经过行政调解，学校和当事学生家长就事故赔偿事宜达成一致意见的，双方应当签订事故和解协议书。和解协议生效后，当事人之间就调解协议的履行或者调解协议的内容发生争议的，一方当事人可以向人民法院提起诉讼。

## 三、法院调解

法院调解是指在民事诉讼过程中，双方当事人在人民法院审判庭的主持下经过平等协商达成协议，并由人民法院确认其效力的一种调解制度。

发生学校安全事故后，受伤害学生及其家长向人民法院起诉，要求学校承担赔偿责任的，学校应当积极应诉。按照规定，在诉讼过程中，对于有可能通过调解解决的民事案件，人民法院依法应当进行调解。在审判员向当事人询问调解意愿时，学校原则上应当同意审判员进行调解，但学校依据相关证据及法律规定认为校方不存在过错、无须对事故承担责任的,也可以不同意审判员进行调解,并请求法庭依法径行作出判决。

原、被告均同意审判员进行调解的,双方可提出各自的调解方案,也可由审判员提出调解方案供双方参考,双方应当在审判员的调解下尽力尝试达成一致意见。经过审判员调解,学校和学生一方达成协议的,应当由人民法院制作民事调解书。民事调解书经双方当事人签收后,即具有法律效力。任何一方不履行该调解书所确定的义务,另一方可向人民法院申请强制执行。在诉讼期间,学校和学生一方在庭外自行达成和解协议的,也应当提请人民法院对该和解协议进行确认并制作民事调解书。

**地方经验**

广西壮族自治区南宁市隆安县成立学校安全事故纠纷调解工作站

2019年11月19日上午,由隆安县人民法院牵头,县教育局、司法局、卫健局等相关部门与保险公司联合成立的校园安全事故纠纷人民调解工作站(以下简称"校调工作站")正式挂牌运行。校调工作站作为第三方介入调解的专业性调解组织,是根据最高人民法院、最高人民检察院、公安部、司法部、教育部联合印发《关于完善安全事故处理机制 维护学校教育教学秩序的意见》的要求成立的,原则上针对公办中小学、幼儿园人身伤害事故纠纷涉及赔偿金额等问题,引导当事人通过人民调解的方式来解决。校调工作站成员由退休法官、司法行政人员、律师、医生、保险从业人员等专业人员构成,主要职责是依托司法行政部门,化解学校和受伤害方之间的矛盾,维护各方的合法权益,构建和谐家校关系,打造和谐平安校园。同时,校调工作站还为学校和学生及家长提供法律咨询、法律援助,并且根据调解的结果督促有关方进行快速理赔,让矛盾纠纷化解在校内,解决在萌芽状态。

# 第七节
# 学校安全事故诉讼法律制度

诉讼是指国家审判机关依照法律规定，在当事人和其他诉讼参与人的参加下，依法解决讼争的专门活动。在学校安全事故的解决途径中，学校首先要争取通过协商或者调解的形式解决纠纷。但在上述方式难以达成一致意见时，学校应当告知家长可以通过诉讼的形式解决纠纷，避免家长采取"校闹"等非法形式解决争议。在这里，我们所说的诉讼一般是指民事诉讼，而非刑事诉讼。当然，如果在学校安全事故中有人涉嫌构成犯罪，学校应当立即报案，由司法机关通过刑事诉讼追究其刑事责任。

发生学校安全事故后，如果受伤害学生及其家长向人民法院起诉，要求学校承担赔偿责任的，学校应当积极应诉，做好参与诉讼的各项准备工作。学校首先应当了解、掌握与案件相关的法律规定，收集并按时向法庭提交有关证据，依法参加诉讼活动，在庭审中通过陈述、举证、质证、辩论等程序环节，阐明本方的主张，协助法庭查明案件事实，维护自身的合法权益。一审宣判后，学校若认为判决存在认定事实不清、适用法律错误、判决不公等问题而对判决不服，可在法定期限内提起上诉。对于法院作出的二审生效判决，负有履行义务的当事人应当予以履行。需要强调的是，诉讼是具有很强专业性的法律活动，所以建议学校聘请法律专业人士予以全程协助。

## 一、诉讼的启动

民事诉讼因为原告的起诉而得以启动。学校安全事故发生后，如果无法通过协商或调解解决纠纷，学校应当引导受伤害学生的家长通过诉讼解决纠纷，防止其实施"校闹"等不理智行为。若学生家庭经济困难、可能无力承担诉讼中的相关费用的，学校应当告知学生的家长可向当地法律援助机构申请法律援助，获得免费法律服务。

## 二、开庭前的准备工作

学校在收到法院送达的起诉状后，应当重点做好以下几个方面的准备工作。

### （一）确定诉讼代理人

学校首先应当根据案情的复杂程度、诉讼标的金额的大小等因素，并考虑自身的实际情况和需要，确定代理人参加诉讼。决定聘请律师作为诉讼代理人的，应当与受聘律师所在的律师事务所签订《诉讼代理合同》。聘请法律顾问作为诉讼代理人的，可要求按照先前签订的《法律顾问合同》享受代理费优惠。对于案情简单、涉诉金额不大的，学校可以指派具有法律专长的教职工担任诉讼代理人，并为其开展工作提供便利。学校也可以聘请律师并同时指定一名工作人员一起担任诉讼代理人，以便于发挥两方面的专长。

### （二）了解、掌握案件相关法律知识

律师或教职工接受学校的委托担任校方诉讼代理人之后，应当认真研

判案情，了解、掌握与案件有关的法律知识，包括分析案件所涉及的主要法律关系、归纳案件的争议焦点、检索与案件相关的法规条文等。

（三）分析原告的索赔项目、金额及依据

根据法律和司法解释的有关规定，学校安全事故纠纷中，可能涉及的相关赔偿项目及费用计算方法如下。

1. 医疗费

根据医疗机构出具的医药费、住院费等收款凭证，结合病历和诊断证明等相关证据确定。赔偿义务人对治疗的必要性和合理性有异议的，应当承担相应的举证责任。医疗费的赔偿数额，按照一审法庭辩论终结前实际发生的数额确定。器官功能恢复训练所必要的康复费、适当的整容费以及其他后续治疗费，赔偿权利人可以待实际发生后另行起诉。但根据医疗证明或者鉴定意见确定必然发生的费用，可以与已经发生的医疗费一并予以赔偿。

2. 误工费

由于学生不具备《中华人民共和国劳动法》上的劳动主体资格，因此不能主张误工费。学生的家长因为确需照看学生、耽误工作而减少的合法收入，按照护理费的计算方法予以确认。

3. 护理费

学生受到伤害后，对于护理人员的护理费，赔偿义务人应当予以赔偿。护理费根据护理人员的收入状况和护理人数、护理期限确定。护理人员有收入的，护理费参考护理人员的护理时间和收入状况，按照其实际减少的收入计算。护理人员没有收入或者雇佣护工进行护理的，参照当地护工从事同等级别护理的劳务报酬标准来计算护理费。护理人员原则上为一人，但医疗机构或者鉴定机构有明确意见的，可以参照该意见确定护理人员人数。

4. 交通费

根据受伤害学生及其必要的陪护人员因就医或者转院治疗实际发生的

费用计算。交通费应当是必要的、合理的，并以正式票据为凭；有关凭据应当与就医地点、时间、人数、次数相符合。

5. 住院伙食补助费

受伤害学生的住院伙食补助费可以参照当地国家机关一般工作人员的出差伙食补助标准予以确定。受伤害学生确有必要到外地治疗，因客观原因不能住院，受伤害学生本人及其陪护人员实际发生的住宿费和伙食费，其合理部分应予赔偿。

6. 营养费

根据受伤害学生伤残情况参照医疗机构的意见确定。

7. 残疾赔偿金

根据受伤害学生伤残等级，按照受诉法院所在地上一年度城镇居民人均可支配收入或者农村居民人均纯收入标准，自定残之日起按二十年计算。

8. 残疾辅助器具费

按照普通适用器具的合理费用标准计算。伤情有特殊需要的，可以参照辅助器具配制机构的意见确定相应的合理费用标准。辅助器具的更换周期和赔偿期限参照配制机构的意见确定。

9. 丧葬费

按照受诉法院所在地上一年度职工月平均工资标准，以六个月总额计算。

10. 死亡赔偿金

受伤害学生死亡的，其死亡赔偿金按照受诉法院所在地上一年度城镇居民人均可支配收入或者农村居民人均纯收入标准，按二十年计算。

11. 精神损害抚慰金

受伤害的学生本人或者死亡的学生的近亲属遭受精神损害的，赔偿权利人有权向人民法院请求赔偿精神损害抚慰金，赔偿数额根据以下因素由法院予以酌情确定：（1）侵权人的过错程度，法律另有规定的除外；

（2）侵害的手段、场合、行为方式等具体情节；（3）侵权行为所造成的后果；（4）侵权人的获利情况；（5）侵权人承担责任的经济能力；（6）受诉法院所在地平均生活水平。受害人对损害事实和损害后果的发生有过错的，可以根据其过错程度减轻或者免除侵权人的精神损害赔偿责任。

（四）收集、提交诉讼证据

学校应当安排、协助校方诉讼代理人收集跟案件相关的所有证据，包括但不限于可以证明下列案件事实的证据：（1）事故发生的原因；（2）事故发生的过程；（3）事故所造成的后果及损失情况；（4）事故发生前学校是否对学生开展过相关安全教育；（5）学校的相关安全制度文件及管理措施；（6）事故发生后学校对受伤害学生所采取的救助措施；（7）学校已经为受伤害学生垫付的费用支出；（8）可以证明学校是否已履行教育、管理职责的其他证据；（9）受伤害学生、施害学生或者其他第三人是否存在过错的证据；（10）与案件有关的其他证据。

证据收集、准备齐全后，学校应当在法院送达的应诉通知书中指定的举证期限内向法庭提交证据的复印件或备件（原件在开庭时出示或提交）。

（五）撰写、提交答辩状

学校应当督促诉讼代理人在研判案情后认真撰写答辩状，并在答辩期限届满前（收到起诉状后15日内）向法庭提交答辩状。在答辩状中，学校应当针对原告的各项诉讼请求明确表达校方的诉讼意见（表达认可，或不认可，或部分认可），并陈述支持校方诉讼意见的事实和理由。

## 三、参与一审庭审

学校诉讼代理人应当按照法院确定的开庭时间，准时到达法庭参加开庭审理活动。开庭时，学校可以视情况指派人员旁听案件审理，了解案件进展情况。

一般而言，庭审活动通常包括以下几个阶段和环节。

（一）庭审准备

在这一阶段，审判员和书记员将会开展如下准备工作：查明当事人及其他诉讼参与人是否到庭；核实原告、被告的身份；查明代理人的代理资格和代理权限；宣布审判人员、书记员名单；告知当事人有关的诉讼权利义务；宣布法庭纪律；询问当事人是否提出回避申请等。

（二）法庭调查

这是庭审活动的核心环节之一，在这一阶段，法庭将先后开展如下工作。

> 1. 当事人陈述。一般为原告宣读起诉状，被告进行答辩（宣读答辩状）。
> 2. 审判员就案件事实进行询问，归纳本案争议焦点或者法庭调查重点，并征求当事人的意见。
> 3. 原告进行举证（出示证据并说明其所证明的内容），被告进行质证（对原告的前述证据发表认可或反驳的意见）。
> 4. 被告进行举证，原告进行质证。
> 5. 证人出庭作证。

（三）法庭辩论

这是庭审活动的另一个核心环节，在这一阶段，原告、被告将分别围绕着案件的争议焦点，从事实和法律两个方面进一步陈述本方的诉讼主张，反驳对方的诉讼主张，双方展开辩论。

（四）最后陈述

在这一阶段，原告、被告将分别陈述本方最终诉讼意见。

## （五）法庭调解

判决前，审判员将征询原、被告的调解意愿，了解双方所提出的调解方案，并居中进行调解。若双方在审判员的调解下能够达成一致，则法庭可作出民事调解书，该调解书经双方签收后即具有法律效力。

学校诉讼代理人在庭审各个阶段中应当充分行使本方的诉讼权利，清楚、完整地表达本方的诉讼主张和意见，协助法官查明案件事实，依法维护学校的合法权益。

## （六）宣布判决

若双方当事人中任意一方不愿意调解，或者虽经审判员调解但双方无法达成一致意见的，审判员可当庭作出判决，也可择期作出判决（实践中后者更为常见）。这一判决系由一审法院作出，因而也称一审判决。

在收到法院送达的一审判决书后，学校应当分析、研判一审判决内容，讨论、决定是否服从一审判决。若不服一审判决，则应当部署提起上诉的各项准备工作。

若双方当事人均表示服从一审判决结果，在判决书确定的上诉期限内均未提起上诉的，则上诉期限届满后，该判决即发生法律效力。当事人应当履行判决书所确定的各项义务。生效判决书确定校方承担给付赔偿款等义务的，学校应当及时予以履行，以维护法律的尊严。

# 四、提起上诉或提交二审答辩状

若原、被告中有一方或者双方均不服从一审判决的，则可以在上诉期限内提起上诉，案件由此进入二审程序。

学校不服一审判决而决定提起上诉的，应当认真研究上诉理由，撰写民事上诉状，并在一审判决书确定的上诉期限内向法院提交上诉状。若因对方当事人不服一审判决而提起上诉的，学校则应当在法院指定的答辩期限内提交答辩状，并做好二审应诉准备工作。

## 五、参与二审庭审

二审的庭审程序与一审基本相同。案件进入二审后，学校应当委派诉讼代理人按时参与二审庭审活动，在庭审中充分行使本方的诉讼权利，阐明学校的诉讼主张，维护学校的合法权益。

## 六、履行生效判决

我国的审判活动实行两审终审制。二审法院作出的判决为生效判决，当事人应当履行判决书所确定的义务。负有履行义务的一方不履行的，另一方可申请法院予以强制执行。二审判决学校承担给付赔偿款等义务的，学校应当在判决书指定的期限内及时履行。

## 七、特殊情况下申请再审

按照《民事诉讼法》的规定，当事人对已经发生法律效力的判决、裁定，认为有错误的，可以向上一级人民法院申请再审；当事人一方人数众多或者当事人双方为公民的案件，也可以向原审人民法院申请再审。当事人申请再审的，不停止判决、裁定的执行。鉴于此，若学校认为有充分的理由可以证明已经发生法律效力的判决、裁定确实有错误，例如有证据证明原判决、裁定认定事实的主要证据是伪造的，或者原判决、裁定诉讼程序违法等，则可以依法向法院申请再审。

## 八、文书归档和经验教训总结

案件终结后，学校应当将与案件有关的文书、资料进行归档，并作为重要档案资料进行妥善保管。学校应当认真总结安全事故教训，对在事故中负有责任的教职工进行问责或处理，对师生开展相应的安全教育，完善各项安全管理制度，强化安全管理，防范事故的发生。

### 典型案例1

据《人民法院报》报道，罗某系一名中学学生。2014年4月30日上午，罗某在课间休息时到教学楼草坪内已弃置不用的篮球架处玩耍，与同学竞相攀爬该篮球架时，篮球架发生倒塌，罗某被压伤头部及颈部，经鉴定为脑挫裂伤所致轻度智力障碍，构成六级伤残。事后，罗某将学校告上法庭。法院审理后认为，某中学对已弃置不用的篮球架未采取加固防护措施，存在较大安全隐患。而罗某虽系限制民事行为能力人，但其对攀爬篮球架可能存在的危险后果具有一定的认知能力。根据事故发生原因与双方过错程度的比例，法院认定学校应承担80%的损害赔偿责任，遂判决某中学赔偿罗某各项经济损失36万余元。

### 典型案例2

2018年10月15日21时许，某中学同班同学且住在同一宿舍的学生芦某和田某在学校宿舍因争抢试卷发生争执并打闹至走廊，田某勒住芦某脖子将其拖回宿舍，致芦某摔倒在地受伤。老师发现芦某受伤后通知双方家长并送芦某至医院就诊。经诊断，芦某鼻骨骨折并磕掉两颗门牙。被起诉后，学校提交了事故书面说明、宿舍奖惩管理条例、安全教育班会记录及照片，称事发时值班老师在二楼巡逻，返回一层发现情况后及时处置。学校还称，事发前有安全教育，学校已尽到教育管理责任。法院审理后采纳了学校的答辩意见，最终判决造成同学受伤的田某及其监护人承担赔偿责任。

**典型案例 3**

2019年10月10日下午课间，某小学四年级学生韩某在玩游戏时，被同学林某"猛推"，摔倒并撞倒教室对面的安全出口指示牌，脸被玻璃碎片划破，治疗后仍留下疤痕。

法院审理后认为，韩某与林某双方虽为限制行为能力人，但应对自身行为的危险性有基本的认知。事发时，林某将韩某推倒，应承担主要责任；学校在事发时未及时对学生互相碰撞的危险行为进行告诫制止，在事发后未及时处置，且其安全指示牌的设置存在安全隐患，故学校应对本次事故承担次要责任；韩某参与游戏并与他人碰撞，其自身也有一定责任。

最终，法院判决学校和林某一方分别赔偿韩某11000多元和8000多元。

**典型案例 4**

2021年1月6日下午，某中学初三体育课有老师安排学生在学校操场进行颠球训练。其中，学生张某和王某相隔一定间距且各自持有一个足球单独练习。张某练习使用的足球失控落地后向王某所站位置滚动，王某见状抱起自己的足球向张某的足球方向跑去，并伸脚触碰地上的足球，遂与同时向足球跑来的张某腿部发生撞碰，造成张某股骨干骨折。法院经审理认为，根据《民法典》第一千一百七十六条规定：自愿参加具有一定风险的文体活动，因其他参加者的行为受到损害的，受害人不得请求其他参加者承担侵权责任；但是，其他参加者对损害的发生有故意或者重大过失的除外。本案学校安排学生相隔一段距离颠球，本身并无安全隐患。事发前后时间较短，学校的老师在事发后及时到场救助，再通知家长将原告送往医院治疗，原告的伤情也未因救助时间有误而有加重情形。因此，学校的上述行为，应视为已尽了相应的管理职责，对原告的损失并无过错，不应承担相应的赔偿责任。学生王某与张某相撞，应属于意外事件，双方并不存在主观过错。所以法院依法驳回张某的诉讼请求。

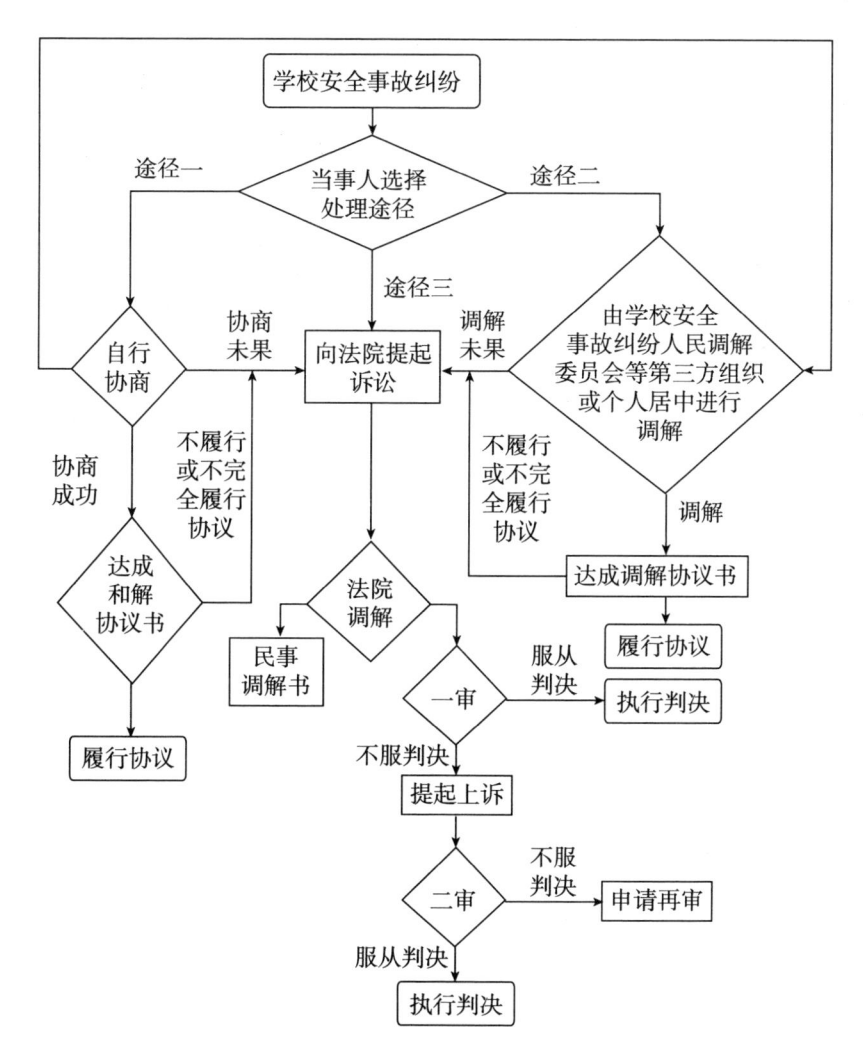

## 第二章 依法处理学校安全事故纠纷

**学校安全事故纠纷处理流程图**

# 第三章

## 依法处置"校闹"行为

# 第一节
# "校闹"行为的表现形式

## 一、"校闹"的概念与特征

"校闹"是指在学校安全事故处置过程中，家属及其他校外人员实施围堵学校、在校园内及校园周边非法聚集、聚众闹事等扰乱学校教育教学和管理秩序，侵犯学校和师生合法权益，违法违规的行为。

从"校闹"发生的规律来看，"校闹"具有突发性、违法性、组织性和牟利性等特征。其中，突发性和违法性是"校闹"的普遍特征，组织性和牟利性体现于部分"校闹"中。具体表现在：其一，"校闹"的发生往往不期而至，令人猝不及防，带有很强的随机性和不确定性；其二，"校闹"是学生家属采取的违法私力救济手段之一，其行为方式和行为性质都不具有合法性，这是"校闹"区别于正常学校安全事故纠纷的根本特征；其三，多数情况下，"校闹"人员存在一定的分工，部分参与者实施暴力、抢砸等行为，部分参与者则充当谈判人员，以法律责任承担为出发点，夸大校方责任；其四，不可否认，在"校闹"事件中部分家属的确是为"要个说法、讨个明白"，但更多挑起纠纷和促使事件升级的家属及相关人员有非常明确的牟利性，追求经济利益最大化是其主要动机。在一些"校闹"事件中，甚至有专门从事"校闹"的人员教唆学生家长采用非法手段维权。

## 二、治理"校闹"行为的必要性

### （一）维护正常教育教学秩序的需要

"校闹"人员在学校内非法聚集、聚众闹事等，必然会破坏安全、稳定、和谐的学习环境，对学校的教育教学活动产生严重负面影响，使学校承担巨大的办学压力。学校是育人的场所。惩治"校闹"行为，是维护正常教育教学秩序，确保育人工作良好开展的基本要求。

### （二）保护学校和师生合法权益的需要

在"校闹"事件中，"校闹"人员为达成目的常常采用非法限制师生人身自由、殴打教师、破坏学校和个人财物等暴力手段。这些行为严重损害了学校和师生的合法权益。只有依法坚决打击"校闹"，才能使师生的人身和财产安全得到保证，才能使学校和师生的合法权益得到维护。

### （三）推进法治社会建设的需要

"校闹"行为本身是寻衅滋事、扰乱学校教育教学秩序或者破坏学校财产的违法行为，《教育法》第七十二条明确规定：由公安机关给予治安管理处罚；构成犯罪的，依法追究刑事责任。"校闹"行为是对法律尊严和地位的践踏，是对国家依法治国方略的挑战。矫正"校闹"这股不良社会风气，有助于保证学校安全事故纠纷在法治轨道上解决，对于建设法治社会，维护社会秩序有重要的现实意义。

## 三、"校闹"行为的表现形式

根据教育部等五部门《关于完善安全事故处理机制 维护学校教育教学秩序的意见》的有关规定，"校闹"行为主要有以下的表现形式。

（1）殴打他人、故意伤害他人或者故意损毁公私财物的。

（2）侵占、毁损学校房屋、设施设备的。

（3）在学校设置障碍、贴报喷字、拉挂横幅、燃放鞭炮、播放哀乐、摆放花圈、泼洒污物、断水断电、堵塞大门、围堵办公场所和道路的。

（4）在学校等公共场所停放尸体的。

（5）以不准离开工作场所等方式非法限制学校教职工、学生人身自由的。

（6）跟踪、纠缠学校相关负责人，侮辱、恐吓教职工、学生的。

（7）携带易燃易爆危险物品和管制器具进入学校的。

（8）其他扰乱学校教育教学秩序或侵害他人人身财产权益的行为。例如，通过网络或传统媒体捏造或者歪曲事实，散布谣言，扰乱正常教学生活秩序的。

> **典型案例**
>
> 符某培、符某功等聚众扰乱社会秩序案
>
> 2019年4月3日，某地小学六年级学生符明明（化名）私自翻出学校围墙，下河游泳致溺水身亡。之后符明明的家属就符明明死亡赔偿金问题多次与学校进行协商未果。为发泄不满情绪，同时为向当地政府及学校施加压力，迫使其给予较高死亡赔偿金，符某培、符某功等死者亲属几十人聚集在学校门口，采取在学校大门口拉扯横幅、摆放花圈的方

式扰乱学校教学秩序。当学校人员来劝阻时，符某培、符某功等人就以冲撞校门，殴打教师、保安等方式进行威胁，在当地造成了恶劣影响。随后法院认定符某培、符某功等人构成聚众扰乱社会秩序罪，判处符某培、符某功等有期徒刑一年。

# 第二节
# "校闹"行为的处置方式

## 一、"校闹"行为处置原则

### （一）依法应对

"校闹"问题的根源是偏离法治轨道，采取非法的方式"私力"维权，或者以无理取闹的方式来谋取不当利益。"校闹"行为破坏法治底线，也不利于学生法治观念和规则意识的养成，影响立德树人根本任务的落实。2018年9月10日，习近平总书记在全国教育大会上强调，各级党委和政府要为学校安全托底，解决学校后顾之忧，维护老师和学校应有的尊严，保护学生生命安全。所以，各级行政部门和学校在处置学校安全事故时，必须以法律为准绳，以法治思维和法治方法解决因为安全事故引发的各种矛盾和问题，维护各方的合法权益。

## （二）分类治理

治理"校闹"行为，首先应区分"校闹"行为的表现形式，坚持问题导向，有针对性地采取不同措施，实现分类治理，精准施策。

如在治理以情绪宣泄为目的的"校闹"行为时，学校应主动与学生家长及利益相关人员坦诚沟通，充分了解其诉求，避免矛盾激化，在充分阐释相关法律、法规政策的前提下，引导"校闹"人员通过正规的法律途径解决。在治理以敲诈勒索为目的的"校闹"行为时，学校应坚持法律底线，根据事故客观事实和法律规定，明确责任。责任认定前，学校不得赔钱息事。经认定，学校确有责任的，要积极主动、按标准依法确定赔偿金额，给予损害赔偿。学校无责任的，要澄清事实、及时说明。与此同时，针对闹事者严重违反教学秩序的行为，学校应积极寻求公安机关的支持，对聚众闹事、围堵学校等"校闹"行为，由公安机关根据闹事者的情节，按照《治安管理处罚法》《刑法》等法律予以处理。

## （三）及时处置

《关于完善安全事故处理机制 维护学校教育教学秩序的意见》要求，当"校闹"行为发生后，教育部门、公安机关、人民检察院、人民法院要做到及时制止，尽最大努力最快速度恢复学校的正常教学秩序，减少影响，并严厉打击涉嫌"校闹"的犯罪行为。

其中教育部门应当及时指导学校做好"校闹"事件应急处置工作，采取果断措施，最大限度地保障师生安全，维护学校教育教学秩序并及时报警，协助做好安全防护工作。

公安机关接到报警后应当及时出警、快速处置，对现场发生的违法犯罪行为，要坚决果断制止，对涉嫌违法犯罪人员依法查处。

## （四）部门协作

《关于完善安全事故处理机制 维护学校教育教学秩序的意见》要求，教育部门、公安机关、人民检察院、人民法院、司法行政机关等应当按照各自职责，做好"校闹"处置工作。其中：

教育部门应督促指导学校加强安防建设，指导"校闹"现场处置工作，并配合相关部门落实"校闹"处置要求，妥善化解矛盾纠纷。

公安机关应及时排查整改涉校风险隐患，受理报警求助；及时控制事态，维持"校闹"现场秩序；及时发布权威信息，回应社会关切；依法惩处"校闹"行为。

人民检察院应当及时依法批捕、起诉需追究刑事责任的"校闹"人员。

人民法院应当及时受理相关案件，并在全面查明案件事实的基础上依法准确定罪量刑。对故意扩大事态，教唆他人实施针对学校和教职工、学生的违法犯罪行为，或者以受他人委托处理纠纷为名实施敲诈勒索、寻衅滋事等行为的，依法从严惩处。

司法行政机关应协调指导教育部门、公安机关等加强法治宣传教育，增强社会公众的法治意识，培养尊法守法用法的社会氛围，推动形成依法理性解决学校安全事故纠纷的共识。

## 二、"校闹"行为处置流程

### （一）预防阶段

1. 学校

（1）健全安全事故处置机制。"校闹"是由学校安全事故衍生出来的问题，学校在制定安全事故处置方案时，应当统筹考虑发生这一问题的可能，制定相应的预案。安全事故处置实行校长负责制，组成校长、分管安全工作的副校长以及教务处、政教处、保卫室、医务室等部门构成的处置机构。具备条件的，可以结合学校安全工作实际，在安全事故处置预案中制定操作性较强的、专门的《"校闹"事件应急处置预案》,内容包括:总则、组织机构及职责、预防预警、应急处置、信息报告、后期处置等。

（2）开展"校闹"普法教育。通过召开家长会、发放《致家长的一封信》等方式，向学生父母或其他监护人宣传教育部等五部委《关于完善安全事故处理机制 维护学校教育教学秩序的意见》等政策法规和依法维权的典型案例，介绍"校闹"行为的法律责任，以及学校安全事故的正确处理途径，引导其依法维权。

（3）及时化解矛盾。当发生学校安全事故之后，学校应当做好与学生家长及其他当事人的沟通协调工作，既讲感情注重保护学生权益，以情感人，又要依法依规、有理有节，有原则底线，要注重与家长交流沟通的方式方法，甚至言语体态等，避免激化矛盾，因误解引发不必要纠纷。

2. 公安机关

（1）指导学校提高处置"校闹"的能力。派出经验丰富的公安干警指导学校对"校闹"应急处置机构成员进行教育培训和实战演练，不断提升其应对"校闹"突发事件的实战能力。

（2）及时排查整改涉校风险隐患。结合开学等重点时段，会同教育部门等开展学校安全专项督导和交叉检查，对检查发现的安全问题，要及时反馈学校及相关部门，并紧盯整改。

（3）健全日常巡逻防控制度。加强"护学岗"建设，完善高峰勤务机制。在学生上下学等重点时段，统筹安排警力定点值守，维护正常秩序。

3. 司法行政机关

（1）加大法治宣传，增强社会公众的法律意识。通过媒体、社区、学校等渠道，大力宣传依法维权申诉、依法理赔、依法追责等法律法规知识，提升社会成员的法治观念和守法精神，注重培育社会全体成员信仰法律，树立法律意识，形成"办事依法，遇事找法，解决问题用法，化解矛盾靠法"的社会氛围。

（2）加强涉校纠纷人民调解组织队伍建设。会同教育部门，积极推进学校安全事故纠纷调解组织建设，聘任人大代表、政协委员、法治副校长、教育和法律工作者等具备相应专业知识或能力的人员参与调解，建立由教育、法律、医疗、保险、心理、社会工作等方面专业人员组成的专家咨询库，为调解工作提供支持和服务。可根据需要，在市、县两级行政区域内设立学校安全事故纠纷人民调解委员会。

（3）完善涉校纠纷人民调解工作运行机制。各级司法行政机关依法指导、规范涉校纠纷人民调解工作，并协调律师事务所、公证、法律援助等职能部门为有需求的群众提供法律服务和法律援助。

（二）处置阶段

1. 学校

发生"校闹"事件后，学校应当按照以下程序妥善处置。

（1）当发生扰乱学校教育教学和管理秩序，侵犯学校和师生合法权益等"校闹"行为时，学校应当组织进行必要的管理，并通过拍摄现场视频、照片等方式及时保存证据。同时应向所在地公安机关报案，报案时，要讲清楚涉事学校及地点、人数、具体行为、有无人员受到伤害等现场情况。

（2）学校主要负责人或主管人员接到报告后，应根据教育部门规定的"校闹"事件上报要求，及时将"校闹"事件向教育部门报告，并向公安机关报案。同时，启动"校闹"事件应急处置预案，根据事发情况，调集相关人员，携带通信、防护等装备，赶赴现场处置。在公安机关到达之前，学校可依法采取必要的措施，阻止相关人员进入教育教学区域，防止对教育教学秩序、师生人身安全造成更大的侵害。

（3）公安干警到达后，学校负责人应在现场配合处置。保安员要听从公安干警的指挥，维持处置秩序，防止事态激化；学校负责人应向公安干警提供现场视频、音频证据和涉嫌职业"校闹"线索，配合公安机关的侦查、处置工作。

（4）学校人员受到伤害的，要立即组织救治。伤情允许的，可根据公安机关伤情鉴定程序，至其他机构验伤、留证。

（5）若事件影响程度较大、社会关注度较高，学校应在及时、全面、准确地掌握事件信息的基础上，统一对媒体介绍情况。若情况需要，还应代表学校接受记者采访或组织邀请并配合记者进行采访。

2. 公安机关

（1）接到报警后，学校属地的派出所或有关公安机关要按照出警要求，及时赶赴现场。

（2）公安干警到达现场后，及时了解现场情况，按照"边处置边汇报"的原则，向有关领导汇报。对现场正在实施过激行为的人员要及时制止，在双方矛盾激化时要及时隔离，对无关人员进行劝离。

（3）公安干警要迅速控制现场，防止矛盾激化。对发现现场已实施、正在实施或准备（可能）实施过激行为的人员，公安干警要向其发出警告，要求停止行为并明确告知相关法律责任。

（4）对告知法律责任后，仍不听劝阻的，公安干警要及时将为首"校闹"人员带离现场，核查身份，并做进一步处理。针对现场人员众多、无法控制事态的情形，公安干警应及时向主管机构报告，调动警力至现场增援处置。"校闹"人员有自杀或携带管制器具、危险物品等威胁他人人身安全、公共安全的，公安干警要及时制止，并疏散人群，设置警戒线、隔离带，会同学校有关人员维护现场秩序。

（5）公安机关要及时组织开展调查取证，制作笔录，固定证据。对伤害师生、毁损学校房屋、设施设备、扰乱学校教育教学秩序等违法犯罪行为，按照有关法律规定，坚决依法予以处理。

3. 司法机关

（1）司法行政机关要加强对学校处理"校闹"事件的指导，为学校提供法律服务和法律援助。

（2）人民检察院要严格按照法律要求，对涉嫌犯罪的"校闹"人员，依法审查批准逮捕、提起公诉。

（3）人民法院要在调解和司法裁判过程中，严格按照有关法律法规，进行"校闹"事件责任划分，并在全面查明案件事实的基础上，依法准确定罪量刑。对故意扩大事态，教唆他人实施针对学校和教职工、学生的违法犯罪行为，或者以受他人委托处理纠纷为名实施敲诈勒索、寻衅滋事等行为的，依法从严惩处。

### （三）善后阶段

#### 1. 正确引导舆论

"校闹"事件发生后，若影响程度较大、社会关注度较高，学校除指定新闻发言人统一对媒体介绍情况之外，还应及时关注网络媒体的动态，对不客观、负面的报道，要向当地网监部门报告，及时组织专门人员介绍情况，公布真相；依法及时与媒体方面联系，撤除易误导舆论的报道文章，正确引导网络媒体舆论。

#### 2. 开展心理疏导

"校闹"事件发生后，会引起受伤害学生及其周围人的心理紧张。很多人会因经历或目睹过危险场面而留下阴影，甚至会不自觉回忆事件发生时的画面，引起情绪烦躁、缺乏安全感、过分紧张或敏感。针对这些问题行为与表现，学校应及时对学生开展心理辅导，如对学生进行情感关怀，鼓励学生积极交往表达，教授学生正确释放压力的方法等，必要时进行心理干预。

#### 3. 进行事件总结

为避免"校闹"事件的再次出现，学校在事件处理完之后必须对事件的发生、处置等进行一系列的总结，并形成文档保存。同时，学校还要针对在事件应对过程中发现的问题进行总结，不断改进管理措施，认真落实各项安全管理制度，完善"校闹"事件的应急处理方案，提升学校管理人员的安全责任意识，加强对师生员工的安全知识与技能培训，以提高对"校闹"事件的预防及处理能力。

> **典型案例**
>
> 四川省乐山市井研县
>
> 四川省乐山市井研县在开展"建立涉校重大安全纠纷调解委员会制度"中，取得了以下的经验。
>
> 第一，加强领导，落实治"闹"责任。井研县成立了由县委、县政府分管领导任组长，县委政法委副书记、县教育局局长任副组长，县委宣传部、县公安局、县检察院、县法院、县司法局、县教育局、县财政局、县信访局、县应急管理局、县卫健局、县民政局、县妇联等部门为成员单位的井研县涉校矛盾纠纷调解工作领导小组。领导小组办公室设在县教育局，由县教育局局长兼任办公室主任。各成员单位和各级各类学校成立相应工作机构，形成了县委、县政府统一领导，部门（单位）、学校协调联动的工作格局。印发了《井研县建立涉校重大安全纠纷调解委员会制度的实施方案》，明确职责，分解任务，狠抓落实，确保试点工作有力、有序推进。
>
> 第二，完善制度，健全治"闹"机制。一是建立了矛盾纠纷排查制度。按"谁主管、谁负责"的原则，教育行政主管部门和学校根据实际采取日排查、周清查、月汇总等方式对各种可能影响学校发展、稳定的矛盾纠纷进行排查。二是建立了矛盾纠纷登记制度。制发了《学校矛盾纠纷排查调处情况登记表》《井研县涉校重大安全纠纷调解登记册》，各校统一建立校、级、班三级矛盾纠纷排查信息台账。三是完善了矛盾纠纷信息报告制度。各学校落实校、级、班三级信息员。县委宣传部牵头建立网络舆情处置预案和应对机制，妥善处置网络舆情。四是完善了矛

盾纠纷处置机制。修改、完善了矛盾纠纷处置流程图，规范了处置程序。建立了以保险机制为核心的多元化损害赔偿机制。全县学生购买中小学生平安保险，每生每年100元，死亡一人可赔80000元，最高可报医疗费用30000元；购买责任险、校方无过失保险，每生每年5元；同时鼓励学生购买新型农村合作医疗保险、城镇居民医疗保险。五是建立了部门协调联动机制。坚持领导小组联席会议制度，定期通报矛盾纠纷排查分析情况、总结经验教训、会商重大涉校矛盾纠纷解决办法及下一步工作安排。结合校园易发安全风险源点，及时与相关部门会商安全隐患破解办法。六是建立了矛盾纠纷调解回访制度。设立调解卷宗，对已调处成功的案件或案件较复杂、周期性长的重大安全纠纷，实行专人包案、定期回访，防止纠纷出现反复。七是健全了调处督查考评机制。严禁"赔钱息事"，实行矛盾纠纷调解回访制，对调处成功或较复杂、周期性长的重大安全纠纷进行回访打分、综合评价。

第三，加强队伍建设，增强治"闹"力量。一是构建了县、校两级调解机构。县级层面由司法、教育、公安等部门中热心教育事业、有调解经验的干部或教师担任常设调解员，组成县级涉校矛盾纠纷调解委员会。学校层面组建校级调解委员会，面向社会邀请村（社区）干部、学生家长委员会成员、人大代表等热爱、关心教育事业的各界人士担任第三方调解员。全县建立学校调解室54个，配备调解人员400余人，形成了部门互动、行业联动、社会参与的学校安全事故矛盾纠纷调解网络。二是完善了校园安全保卫队伍。印发了《井研县教育局关于进一步加强校园安保的通知》《井研县"校园护卫队"建设实施方案》，在现有安保力量的基础上，新增投入资金80万元，依托井研县东财公司，聘请退役军人、经过培训的安保人员等，为部分小规模学校增配26名高素质保安。指导县域内中小学、幼儿园建立高素质的校园护卫队54支，成立"红袖标"队伍54支。三是开展了调解队伍培训。县教育局举办"井研县涉校重大安全纠纷调解员培训",邀请县司法局干部、教育系统法律顾问,分别就人民调解常用方式,人民调解技巧,调解受理、证据收集、司法确认和校园纠纷案例分析等知识开展培训。四是建立了专家咨询库。聘请教育、法律、医疗、民政、社会工作方面的11位专业人员,组成专家咨询团,为学校安全事故纠纷调解工作提供支持和服务。

第四,加强宣传,优化治"闹"氛围。一是强化法治宣传。中小学法治教育做到"教材、师资、课时、经费、考试"五落实。二是突出教育重点。加强预防性侵教育和心理健康教育和青春期教育,预防化解心理问题和青春期问题。三是丰富实践活动。依托竹园烈士纪念园、周坡素质教育基地等平台,建立了井研县法治道德教育基地,组织全县中小学师生到基地接受教育。

第五,加大投入,落实治"闹"保障。一是加强阵地建设。县、校分别成立涉校矛盾纠纷调解委员会。二是落实经费保障。除各学校切实落实好校方责任险外,井研县教育经费列支10万元设立了"涉校矛盾纠纷事故赔偿准备金",保证校方责任事故赔付及时到位,促进矛盾纠纷顺利化解。三是强化物资保障。印发了《井研县中小学幼儿园安全防范建设三年行动计划实施方案》,投入资金203万元,升级改造学校视频监控设备并接入公安天网监控系统。

# 第三节
# "校闹"行为的法律责任

## 一、承担行政责任的情形

《关于完善安全事故处理机制 维护学校教育教学秩序的意见》规定，实施"校闹"行为，构成违反治安管理行为的，公安机关应当依照《治安管理处罚法》相关规定予以处罚。依据《治安管理处罚法》规定，以下"校闹"行为，应承担相应的行政责任。

（一）殴打教职工和十四周岁以上的学生、故意伤害教职工和十四周岁以上的学生或者故意损毁公私财物，尚未造成严重后果的，分别根据《治安管理处罚法》第四十三条、第四十九条等规定处罚。结伙殴打、伤害教职工的，殴打、伤害残疾人、孕妇、不满十四周岁的学生或者六十周岁以上的人的；多次殴打、伤害他人或者一次殴打、伤害多人的，属于从重行为，根据《治安管理处罚法》第四十三条第二款规定从重处罚。

（二）侵占、毁损学校房屋、设施设备的，根据《治安管理处罚法》第二十六条规定进行处罚。

（三）在学校设置障碍、贴报喷字、拉挂横幅、燃放鞭炮、播放哀乐、摆放花圈、泼洒污物、断水断电、堵塞大门、围堵办公场所和道路等，扰乱教学秩序，尚未造成严重损失，经劝说、警告无效的，要依法驱散，对拒不服从的人员要依法带离现场，根据《治安管理处罚法》第二十三条规定处罚；聚众实施的，对首要分子和其他积极参加者依法予以治安处罚。

（四）在学校教学楼、操场等场所及学校的公共开放区域违规停放尸体，影响学校正常的教育教学秩序，经劝说、警告无效的，根据《治安管理处罚法》第六十五条规定处罚。

（五）以不准离开工作场所等方式非法限制学校教职工、学生人身自由的，根据《治安管理处罚法》第四十条规定处罚。

（六）跟踪、纠缠学校相关负责人，侮辱、恐吓教职工、学生的，根据《治安管理处罚法》第四十二条规定处罚。

（七）携带易燃易爆危险物品和管制器具进入学校的，根据《治安管理处罚法》第三十条、第三十二条的规定处罚。

（八）针对其他扰乱学校教育教学秩序或侵害他人人身财产权益的行为，分别根据《治安管理处罚法》第二十三条、第二十六条、第四十三条等规定处罚。

"校闹"行为造成学校、教职工、学生财产损失或人身伤害，被侵权人依法追究"校闹"人员侵权责任的，应当予以支持。同时，可以通过联合惩戒机制，对实施"校闹"、聚众扰乱社会秩序的人员实施惩戒。

## 二、承担民事责任的情形

依据《民法典》等法律的相关规定，当"校闹"人员做出以下"校闹"行为时，应承担相应的民事责任。

（一）殴打他人、故意伤害他人或者故意损毁公私财物的，应立即停止侵害，防止损失的继续发展与扩大，并消除有可能造成损害的危险条件或情形；造成公私财物损失的，应先尽量恢复原状，若难以恢复，则应承担赔偿损失的责任。

（二）侵占、毁损学校房屋、设施设备的，应将其归还给学校，并尽量恢复"校闹"行为发生之前的原状；若难以恢复原状，则应承担赔偿损失的责任。

（三）在学校设置障碍、贴报喷字、拉挂横幅、燃放鞭炮、播放哀乐、摆放花圈、泼洒污物、断水断电、堵塞大门、围堵办公场所和道路等，构成对教职工、学生行使民事权利的妨碍，应对妨碍进行排除；若造成财物损失，则应承担赔偿责任。

（四）在学校等公共场所停放尸体的，构成对教职工、学生行使民事权利的妨碍，应对妨碍进行排除。

（五）侮辱、恐吓教职工、学生的，若造成教职工、学生名誉权等权利受损，应依照被侵权人的要求，通过当面或公开道歉等赔礼道歉的方式，消除对被侵权人的不良影响，恢复其名誉；若对教职工、学生造成严重影响的，则应赔偿相应损失。对教职工、学生造成严重精神损害的，根据《民法典》第一千一百八十三条的规定，承担相应精神损害赔偿。对学校名誉造成不良影响的，"校闹"人员也应承担相应民事责任。

（六）携带易燃易爆危险物品和管制器具进入学校的，尚未造成学校财产、人员人身安全的实际损害时，应将其携带物品移出学校，以消除危险；若造成损害及损失，应进行赔偿。

（七）对于其他扰乱学校教育教学秩序或侵害他人人身财产权益的行为，情节较轻的，承担相应民事责任；造成损害及损失的，承担赔偿损失责任。

## 三、承担刑事责任的情形

《关于完善安全事故处理机制 维护学校教育教学秩序的意见》规定，严厉打击涉及"校闹"的犯罪行为。依据《刑法》规定，以下"校闹"行为及情节，应承担相应的刑事责任。

（一）故意杀害学校教职工、学生，或者故意伤害教职工、学生造成轻伤以上严重后果，或者随意殴打教职工、学生情节恶劣，任意损毁公私财物情节严重，构成故意杀人罪、故意伤害罪、故意毁坏财物罪、寻衅滋事罪的，分别根据《刑法》第二百三十二条、第二百三十四条、第二百七十五条、第二百九十三条等规定处罚。

（二）在学校设置障碍、贴报喷字、拉挂横幅、燃放鞭炮、播放哀乐、摆放花圈、泼洒污物、断水断电、堵塞大门、围堵办公场所和道路等，严重扰乱学校正常教育教学秩序，造成学校严重损失或扰乱公共秩序情节严重，构成寻衅滋事罪、聚众扰乱社会秩序罪、聚众扰乱公共场所秩序、交通秩序罪的，分别根据《刑法》第二百九十三条、第二百九十条、第二百九十一条等规定处罚。

（三）非法限制学校教职工、学生人身自由情节严重构成非法拘禁罪的，根据《刑法》第二百三十八条的规定处罚。

（四）采取暴力或其他方法跟踪、纠缠学校相关负责人，公然侮辱、恐吓教职工、学生情节严重（恶劣），构成侮辱罪、寻衅滋事罪的，根据《刑法》第二百四十六条、第二百九十三条等规定处罚。

（五）携带易燃易爆危险物品和管制器具进入学校，危及公共安全情节严重，构成非法携带枪支、弹药、管制刀具、危险物品危及公共安全罪的，根据《刑法》第一百三十条的规定处罚。

（六）对于故意扩大事态、教唆他人实施针对学校或者学校教职工、学生的违法犯罪行为，或者以受他人委托以处理学生安全事故纠纷为名实施敲诈勒索、寻衅滋事等行为情节严重，构成敲诈勒索罪、寻衅滋事罪的，根据《刑法》第二百七十四条、第二百九十三条等规定处罚。

（七）以暴力、威胁方法阻碍国家机关工作人员如公安机关人员依法执行职务，构成妨碍公务罪的，根据《刑法》第二百七十七条的规定处罚。

由于"校闹"行为的发出者普遍以群体为主，还可能涉及共同犯罪，根据《刑法》第二十五条规定，共同犯罪是指二人以上共同故意犯罪。二人以上共同过失犯罪，不以共同犯罪论处；应当负刑事责任的，按照他们所犯的罪分别处罚。

此外，《中华人民共和国行政处罚法》《中华人民共和国未成年人保护法》等相关法律，也可作为"校闹"人员承担行政责任、民事责任、刑事责任的依据。

**典型案例**

### 冯某扰乱学校教学秩序案

2018年9月，冯某的孙女在学校受伤。从2018年10月开始，冯某多次到该校找校长要求协商此事，均未果。11月，冯某及妻子到校长办公室协商时，其妻将校长办公室的茶杯摔坏，经过乡政府司法所和派出所两次协商，均无果。在两次协商中，已明确要求原告通过合法途径解决此事，不得再到学校闹事。2019年4月至6月间，冯某在每周一早自习时间到179班教室干扰师生正常上课。2019年6月18日，当地市公安局根据《中华人民共和国治安管理处罚法》以及《湖南省公安行政处罚裁量权基准》的相关规定，作出《公安行政处罚决定书》，决定对冯某行政拘留五日。冯某对此不服，向当地市公安局、市人民政府申请行政复议，市公安局、市人民政府均维持原行政处罚决定。冯某对此仍不服，遂诉至当地人民法院。当地人民法院经审理后，判决驳回原告冯某的诉讼请求。

### 陈某等人聚众扰乱社会秩序案

2016年4月8日至11日，陈某等人以亲属小陈在上学期间猝死为由，先后到当地市政府、市教育局及学校实施了拉白布条、摆放花圈、燃放鞭炮等行为，聚众扰乱上述地点的社会秩序，致使以上单位的工作和教学无法进行，并造成严重损失。2016年4月12日，死者小陈的母亲全权代表家属与学校达成协议，校方一次性给予家属救助款6万元，死者家属不再影响或者扰乱学校的正常教学秩序。本案经刑事诉讼，认定陈某等六人构成聚众扰乱社会秩序罪，法院依照《中华人民共和国刑法》第二百九十条第一款、第二十五条、第六十七条、第七十二条、第七十三条、第七十六条之规定，对陈某等六人处以有期徒刑三年缓刑三年等不同的刑罚。

# 第四章

## 学校安全事故处理的协同配合机制

# 第一节
# 学校及周边安全风险防控机制

## 一、健全学校周边环境综合治理机制

按规定，各地应当在政法部门的统筹协调下，健全学校及周边社会治安环境综合治理机制，建立由教育、公安、市场监管、文化旅游、消防救援、城管执法、应急管理、住房建设、卫生健康、交通运输等部门参加的联席会议制度，定期研究部署学校安全管理工作，认真听取学校和社会各界的有关意见和建议，依法维护学校周边秩序，为确保学校正常教育教学秩序和师生平安健康创造良好的外部环境。

学校周边环境综合治理应重点抓好以下五个方面工作。

（一）抓好学校周边治安环境治理

公安部门应深入实施"护校安园"行动，加强涉校矛盾问题隐患排查化解，严厉打击扰乱学校正常教学秩序、侵害师生安全及学校周边存在的各类违法犯罪和黑恶势力活动，及时侦破恶性伤害、欺凌和暴力、性侵等侵害师生人身财产安全违法犯罪案件。加大学校周边区域重点时段巡逻力度、特殊人群管控力度和治安乱点整治力度，保障学校周边良好治安秩序。

（二）抓好学校周边交通环境治理

公安、交通运输部门应合理规划和设置学校及周边的信号灯、指示灯、斑马线、"前方有学校"标识、限速标志、减速带等交通安全设施。加强学生上下学高峰时段学校周边区域交通秩序管理，引导学生和过往车辆有序通行。定期对接送学生车辆及其驾驶人进行摸排，督促学校、校车运营企业加强车辆的日常维护监管。加大学校周边道路机动车不遵守交通信号、违法停车、违法鸣号、无证驾驶、酒后驾驶、超速行驶、非机动车乱骑行和非法客运等违法行为的执法治理力度。优化学校周边交通组织形式和公交站点设置，完善道路公交设施。

（三）抓好学校周边文化环境治理

市场监管、文化旅游部门应严打淫秽色情等有害出版物，坚决查处淫秽色情、凶杀暴力、伪科学出版物以及淫秽色情"口袋本"图书、有害卡通画册、电子出版物，彻底清除渲染恐怖、残忍等有害内容的游戏软件的兜售、租售，严格规范文化经营行为。禁止在中小学校周边200米范围内设立互联网上网服务营业场所以及歌舞娱乐、电子游戏经营等场所。加大互联网上网服务营业场所规范经营治理力度，严禁接纳未成年人上网。严禁盗版音像制品经营行为。

（四）抓好学校周边经营环境治理

市场监管、应急管理部门应认真贯彻落实国务院有关规定，依法严格办理学校周边经营场所的市场主体许可及登记，加大校园周边经营商户的监管力度，坚决取缔易燃易爆、有毒有害等物品的制作、销售、储存等经营活动，合理规范成人用品店、性药店、彩票投注站等可能影响未成年学生身心健康的经营行为。

（五）抓好学校门前环境治理

城管执法、市场监管部门应加大学校门前环境治理力度，确保学校门前无临建危建、占道经营、影响交通、污染扰民等现象；无废弃线网、废弃线杆、废弃烟囱等危险物；无不规范广告牌匾、未经规划设计、擅自设置的户外广告；无废弃及乱设的站牌、标牌、标识等；无游商摊贩，小食品加工、制作、销售点等。

学校要及时发现学校周边治安、交通、文化、经营、门前等五个方面的环境存在的问题隐患和可能给学校及师生构成的危害，尽快形成书面报告呈报教育行政主管部门，由教育行政主管部门上报政法部门协调相关职能部门进行整治。

## 二、全面建立和实行学校安全区域制度

国务院办公厅《关于加强中小学幼儿园安全风险防控体系建设的意见》规定，探索建立学生安全区域制度。按照要求，建立学校安全区域制度应当包括以下方面。

（一）建立学校区域治安防控机制

1. 建立警务室或治安岗亭。公安部门应在治安情况复杂、问题较多的学校周边设置警务室或治安岗亭，密切与学校沟通协作，整合各类安保力量，开展学校周边治安秩序维护工作。

2. 加强和坚持巡逻防控。结合推进"智慧街面巡防建设项目"，优化上、下学重点时段和学校周边重要路段"高峰勤务"机制，健全完善"护学岗"，最大限度地做到在上学放学时段校园门口"见警察"，学生途经主要路段"见警车"，学校周边地区"见警灯"。

3. 在此区域内，依法分别作出禁止新建对环境造成污染的企业、设施，禁止设立上网服务、娱乐、彩票专营等营业场所，禁止设立存在安全隐患的场所等相应要求。

### （二）建立警校联动联防联控机制

教育部门、公安部门应指导学校建立警校合作、协调联动机制，积极构建学校治安防控体系，建立健全学校治安防控规章制度，强化人防、物防、技防"三防"建设，加强学校安保人员教育培训与规范管理，开展治安防范、交通安全、校车安全等宣传教育活动，防控处置学生欺凌与暴力事件，举行防恐反恐教育与演练等，提升学校治安防控水平，有效防范治安事件发生。

### （三）建立健全突发事件预警应对机制

如果学校发生重特大安全事故，地方政府应在第一时间启动相应的应急处理预案，统一领导，及时动员和组织救援和事故调查，开展责任认定及善后处理，并及时回应社会关切。如果发生重大自然灾害、公共安全事故，应当按照学校优先的原则组织实施救援。

教育部门应会同相关部门对本区域学校逐校进行风险评估，研究制定学校安全风险清单，建立动态监测和数据搜集、分析机制，及时为学校提供安全风险提示；应建立台账制度，定期汇总、分析学校及周边存在的安全风险隐患，确定整改措施和时限，及时消除隐患；在出现可能影响学校安全的公共安全事件、自然灾害等风险时，要第一时间通报学校，指导学校予以防范；在发生突发事件后，应立即向学校发出预警通知并采取必要的应对措施。

教育部门应当指导学校建立安全事故应急处置预案，健全学校安全事故的报告、处置和部门协调机制。如果发生伤及学生的安全事故，学校应在及时组织教职工开展抢险、救助和防护，最大限度地保障学生身体健康和人身安全的同时，还应根据事故的类别、性质向相关部门报告，请求指导与帮助。

# 第二节
# 学校安全事故处置的舆情应对

舆情应对是学校安全事故的晴雨表，是处置工作的"第二战场"。学校安全事故发生后，面对汹涌的网络舆情和社会关切，舆情应对部门要遵循舆情传播规律、提升全局思维能力，直击管控中的"盲点"，纾解治理中的"痛点"，打通运行中的"堵点"，标本兼治做好网络舆情应对工作。

## 一、舆情应对原则

（一）第一时间响应，掌握舆论的主动权

学校安全事故发生后，教育行政主管部门和学校要第一时间介入，第一时间组织力量调查，第一时间落实主体责任，第一时间公布事态情况，表明舆论主体的姿态，满足公众知情需要，防止谣言散布。摒弃"自己不说别人说、政府不说百姓说、媒体不说网民说、境内不说境外说"的被动做法，做到关键时刻不失声、重大问题不缺位。

（二）公开透明，满足公众的知情权

学校安全事故发生后，教育行政主管部门和学校要秉持公开、透明的原则，不要采取硬性措施封锁消息，实施捂、盖、压的手段应对新媒体舆情。要积极回应舆情，解决问题，并充分利用各类媒体平台及时发布事故处理的进度和措施。但"公开透明"不等于任何信息都要彻头彻尾、毫无保留地和盘托出，而是要综合考量舆情的走势、处置进程、社会效果等因素，确定合适的公开内容、口径和措辞。

（三）回应表达接地气，争取人心是第一要义

在当前的社会语境下，既要讲事实、摆道理，又要加强引导和沟通，既要"晓之以理"，更要"动之以情"，打官腔的回应远不如接地气的表达，争取人心是第一要义。真正要解决学校安全事故发生后的舆论问题，要坦荡真诚，正确对待和正面回应公众质疑，要说老百姓听得懂的话语，把舆论场当成与公众平等对话的场域，营造温情、尊重、真诚、关怀、有担当、谦逊的语境，双方共情的语境，只有让公众有情感的共鸣和关系的认同，舆情治理才能成功实现"软着陆"。

（四）分级应对，规范有序管理

根据事件的性质、严重程度、可控性和可能造成社会影响的大小，学校安全事故网络舆情划分为重大、较大、一般三个等级。针对不同等级的舆情，坚持分级应对的原则，采取不同应对措施，提高效率，注重效果。

1. 一般舆情。指网民对某项政策或某个事故处理进行询问、提出疑问、表达诉求，仅有少量围观的舆情。

2. 较大舆情。指同一言论在不同网站出现，有可能造成较大负面影响的舆情。

3. 重大舆情。指同一言论在不同网站同时出现，有可能造成重大影响的舆情。

## 二、舆情应对措施

应对网络舆情,要按照"谁主管、谁负责"的原则进行应对处置,主要有以下措施。

1. 对恶意炒作、报道严重失实的,学校要及时发声、澄清事实;对有较大影响的学校安全事故事件,属地教育部门应在党委、政府统一领导下,尽快组织新闻发布会,公布事实真相或事件进展。

2. 对于产生较大影响的学校安全事故,要组织专家或评论员发出正面声音,掌握舆论主导权。

3. 提请有关网站对不实信息进行删除、覆盖等操作,消除不良影响。

4. 对于虚假报道引起社会不良影响的,学校应当向有关部门反映或提起诉讼,追究其侵权责任。

## 三、舆情应对流程

坚持正面引导,通过权威发布和释疑解惑,以疏代堵,积极把握网络舆论主动权,做到事前危机防范、事中危机管控、事后危机善后。

### (一)舆情监测与收集

新闻宣传部门要常态化关注学校安全事件,掌握日常舆情特别是网络舆情。遇有较大、重大(突发)舆情,要安排专人进行专题监测,跟踪监测舆情事件发展和舆论的总体态势,收集掌握有关真实信息,研判潜在的影响和风险,及时向单位主要负责人及上级主管部门汇报情况。

## （二）舆情分析与研判

对监测到的舆情信息进行核实，对有预警性、苗头性、倾向性的舆情，根据事件性质、传播速度、影响程度等，明确事件实质，确定舆情级别，为制订应对方案提供依据。

## （三）舆情回应

回应工作按照"速报事实、慎报原因，正确表态、谨慎定性"的原则，及时向公众释疑解惑，有效引导舆论。

1. 对询问诉求类的一般舆情，安排相关单位依法依规进行办理，提出答复意见，经主管领导审定后统一回复。

2. 重大舆情4小时内发声，24小时内举行新闻发布会。较大舆情原则上48小时内回应。根据事件发展态势、媒体关注程度和辐射范围，选择适当的发布方式，如在官方微博、网站发布，开新闻发布会，发布新闻通稿，在线访谈和媒体采访等形式。

3. 对学校安全事故情况属实的，或有一定根据的批评性舆情，要以解决反映的问题为重点，直面问题，勇担责任，积极回应，表明态度，主动道歉，及时公开处理结果，理顺和稳定公众情绪，扭转不利导向。积极主动联络媒体，向媒体公开相关信息，力争取得媒体的支持，做公平公正的报道，营造良好的舆论氛围。

4. 对内容严重失实、恶意中伤、严重误导社会认知的有害信息，要力争及时、客观、准确地发布事实真相，公开辟谣，澄清事实，消除不良影响。

5. 对恶意传播或反复炒作的，要依法告知事实真相或事件处置情况，关注事态进展。对于造成重大负面影响的，依纪依规查处。

## （四）实时关注舆情动态

学校安全事故舆情被消除或趋于平稳后，要安排专人持续24小时跟踪舆情动态，关注舆情的传播及处置结果后续的影响，并及时采取应对处置措施，防止次生舆情的产生及扩大。

## （五）评估与总结

舆情事件处置完毕后，要认真梳理工作，根据舆情的发生、传播和处置情况总结经验，查找不足，撰写报告，提出改进工作意见，与回应过程中收集的相关文字、图像、视频等资料一并存档。

# 四、组织保障

## （一）加强组织领导

舆情应对单位的主要负责人是应对工作的第一责任人。对于较大、重大（突发）事件，要建立舆情应对工作组。舆情应对工作组由本单位主要负责人牵头，成员包括业务工作负责人、新闻宣传工作负责人及相关人员，明确责任分工，统筹开展工作。

## （二）健全工作队伍

加强舆情阵容和网评员队伍建设。组建由省教育厅统筹协调，各地教育行政主管部门、各高校共同组成，分级负责的教育系统舆情和网评员队伍。

## （三）加强专家队伍建设

组建由相关领域专家和主流媒体记者构成的专家队伍。通过撰写评论或文章，表明态度和立场，从专家和媒体视角解读政策、评论事件，积极引导社会舆论。

## （四）加强培训工作

加大新闻舆论工作培训力度，通过实践演练、讲座研讨等多种形式交流业务，锤炼队伍，提升新闻舆论队伍整体能力水平。

## （五）强化监督考核

把舆情应对工作纳入新闻舆论工作考核体系。各地教育行政主管部门定期交流推广各地、各校舆情应对典型案例及经验做法，发挥范例和借鉴作用。加大对舆情应对工作的跟踪反馈和督查督办力度，视情况对舆情应对工作进行通报。在舆情应对中，对教育工作造成重大影响和损失的，要追究相关部门和人员的责任。

# 第三节
# 学校安全事故处置的社会环境

妥善、正确地处理学校安全事故的纠纷，需要营造相应的社会氛围。这就需要政府和学校、家庭、社会共同努力，通过立法立规、宣传教育、家校合作、依法治校，营造依法解决学校安全事故纠纷的社会氛围。

## 一、立法立规

（一）完善学校安全法律制度体系

应当科学合理地制定完善校园安全、教育惩戒、学生欺凌等学校安全的法律法规，制定化解纠纷的规范性文件和纠纷赔偿的标准性文件，形成学校安全法律体系。通过立法明确纠纷预防、处置、赔偿的责任、程序和标准，做到学校安全工作法律依据无死角。

各地需尽快制定或修改、完善学校安全方面的地方性法规，健全学校安全法治保障。依靠地方性法规和规范，细化教育、公安、检察、法院、司法行政等各部门分工方案，落实政府部门责任，并就《关于完善安全事故处理机制 维护学校教育教学秩序的意见》中确定的学生权益法律保护中心、学校安全事故处理委员会、学校安全事故人民调解委员会制度、警校联动机制、学校安全区域制度、学校保险制度、政府联席会议制度等进行规范和明确。起草过程应充分尊重人民群众的知情权、参与权，广泛征求群众意见，充分汲取民意，如有条件或有必要，可实行听证制度。重视科研调查，组织专家、专业机构进行必要性、可行性、科学性论证，保证重大行政决策的科学民主、合法合理。

（二）建立健全学校自身规章制度体系

鼓励学校依法自主制定校规校纪等规范性文件。邀请专家、专业人士多种形式参与学校规范文件制定，组织教师、学生和家长参与学校制度体系，尤其是校规校纪的制定过程，并将学习校规校纪作为安全教育的重要内容。

# 二、宣传教育

（一）完善宣传教育的组织机制

1. 司法行政机关要协调指导有关部门加强法治宣传教育，增强社会公众的法治意识，营造尊法学法守法用法的社会氛围，推动形成依法理性解决学校安全事故纠纷的共识。

2. 教育部门对学校开展法治教育制定规划、提出要求、提供保障、监督检查。学校应当加强道德与法治教学，定期组织教师、学生、家长接受专题法治教育。

3. 公安、检察、法院等部门定期委派专业人士到学校宣传法治。

4. 发挥街道、社区等基层组织作用，进行依法解决学校安全事故纠纷的日常宣传。

（二）丰富纠纷的法治教育内容

1.宣讲学校安全事故的预防措施，普及相关法律知识。

2.宣讲学校安全事故纠纷的法律责任认定，普及相关法律知识。

3.宣讲学校安全事故纠纷的赔偿程序、赔偿数额、赔偿形式的法律法规，普及相关法律知识。

4.宣讲扰乱学校教育教学秩序相关的法律责任，普及相关法律知识。

5.对学生进行常态化的安全教育、法治教育、生命教育和心理健康教育。

（三）多途径推动形成依法解决学校安全事故纠纷的共识

1.围绕学校安全事故纠纷，通过宣传栏、宣传资料、班会、演讲比赛、专家讲座、模拟法庭、教师法治培训等多种形式开展校园法治教育。

2.组织学生、教师、家长及相关群体旁观学校安全事故纠纷案件的审理审判实况，促进对依法化解纠纷的深刻理解。

3.深入到社区进行学校安全事故纠纷的专项法治宣传，向居民宣传依法化解纠纷的正确途径和非法扰乱学校秩序的危害，增强社会公众的法治意识。

4.充分发挥电视、微博、微信等媒体的覆盖作用，大力宣传学校安全事故纠纷处置的法律、法规、政策、案例等内容，促进形成学法守法用法的社会氛围。

## 三、家校合作

（一）拓宽家长参与学校管理和监督的渠道

1.学校应当支持家长委员会应积极参与学校安全管理、监督和评议工作，以及纠纷沟通、协调、化解工作。学校制定的相关制度规范，应经过家长委员会讨论审议。充分发挥家长委员会参与学校管理和教育工作，沟通家庭和学校的职责，营造良好的育人环境。

2.搭建家校联系平台，加强与家长的联系。运用公众号、微信群、QQ群等丰富多样的信息化手段，建立家校沟通平台，沟通分享学校安全法治信息。如遇到学校安全事故纠纷，应及时在家校联系平台上公开信息，降低或避免负面舆情。

3.定期发放《致家长的一封信》，就学生在家庭和社会上可能遇到的安全问题，提醒家长关注和支持。

4.设置面向家长的开放活动，请家长直接到学校参与学校安全活动，定期进行交流。

（二）加强对家长的法治宣传

1.借助家长学校、家长会等途径，向家长讲解学校安全及依法化解纠纷的法治教育内容，提升家长法治观念，帮助家长掌握依法处理学校安全事故纠纷的知识和方法，促进家校达成共识。

2.邀请从事法律工作的专业人士专门就学校安全事故纠纷法律问题为家长授课。

3.编制学校安全事故纠纷处理手册，发放给学生家长。每名学生的家长至少一册。

# 四、依法治校

学校练好"内功"，提高自身依法治校的能力和水平，是防范安全事故发生和妥当处置安全事故的根本措施。

（一）落实相关规定，依法保护学生合法权益

认真学习《未成年人保护法》等法律法规，落实《意见》和《未成年人学校保护规定》《中小学教育惩戒规则（试行）》等教育部门规章，严格

按照有关要求组织学校教育教学，落实依法治校的具体要求。

1.切实保护学生的权利。严格依照《未成年人学校保护规定》第六条到第十七条的有关要求，保护未成年学生的平等权、生命健康权、自由权、人格权、隐私权、受教育权、休息权、财产权、肖像权、知识产权、参与权和申诉权等十二项具体权利。

2.做好学生专项保护。依照《未成年人学校保护规定》第十八条到第二十四条的有关规定，做好未成年学生欺凌防治和预防性侵专项保护。

3.完善学校管理制度。依照《未成年人学校保护规定》第二十五条到第四十条的有关规定，加强制定校规校纪、执行国家课程方案、加强作业管理、营造良好阅读环境、建立健全安全风险防控体系、兴奋剂或者成瘾性药物防治、学生体质监测、学生心理健康教育管理、手机等智能终端产品的管理、网络安全教育、校内禁烟禁酒、入职报告和准入查询、教职工管理、校车安全管理、校园周边排查等方面的制度建设。

4.加强学校机制保障。依照《未成年人学校保护规定》第四十一条到第四十九条的有关规定，建立未成年学生保护的领导组织机制、安全教育机制、专业合作机制、民主参与机制、家校沟通机制、强制报告机制、首问负责机制和帮扶救助机制。

5.依法实施教育惩戒。严格按照《中小学教育惩戒规则（试行）》的有关规定，依法依规针对违规违纪学生进行教育和管理，帮助他们认识和改正错误。

（二）树立法治理念，依法化解矛盾纠纷

1.切实树立依法治校、依法办学理念，建立通过法治思维和法治方式处理矛盾、化解纠纷的长效机制。学校可以聘请法律专业人士协助处理日常法律事务及纠纷处理。

2.处理纠纷时，学校应当以法治为准则，以法律为准绳，依法认定或承担责任，依法解决纠纷，不得通过随意赔钱来息事宁人。

3. 纠纷产生后，学校应向家长告知协商、调解、诉讼等法律救济途径。责任认定不一致时，鼓励家长通过法律救济途径解决纠纷。

（三）加强课间活动、体育课和其他社会实践活动的风险防控

1. 做好安全风险防控是防止出现纠纷的源头性工作，学校必须精细化做好安全风险防控工作，落实安全标准，压实防控责任。

2. 学校预先对课间活动、体育课和其他社会实践活动可能出现的安全风险进行科学研判，并制定详细的安全预案。杜绝学校因为害怕增加安全风险而禁止学生室外活动、体育锻炼的错误做法。

3. 对学生课间活动、体育课和其他社会实践活动可能遇到的风险进行安全教育和充分告知。在学生充分了解风险后，才能开展活动。

4. 安排专人专责现场管理，遇到可能产生危险的情况及时制止。课间活动安全安排相关人员负责；体育课安全管理由当堂任课教师负责；社会实践活动需要安排充足的教职工进行安全管理，并可以根据情况邀请家长志愿者协助管理。

5. 遇到事故发生，及时按科学流程规范处理，及时救助，保障受伤害方权益，给予受伤害方相应的援助，避免产生纠纷。

# 第四节
## 学校安全工作的部门协调机制

按照习近平总书记在全国教育大会上关于"为学校办学安全托底，解

决学校后顾之忧"的重要精神和习近平法治思想,地方各级党委和政府以及教育、公安、检查、法院、司法等有关部门应当认真贯彻、严格落实《关于完善安全事故处理机制 维护学校教育教学秩序的意见》相关要求,按照"党委统一领导、党政齐抓共管、部门协作配合、社会参与治理"的指导思想,加强组织领导,坚持底线思维,增强忧患意识和风险意识,建立联动机制,狠抓工作落实,切实维护中小学校、幼儿园的安全稳定。

## 一、加强党委、政府领导

在思想认识上,各级党委、政府要将维护中小学校、幼儿园安全作为一项重大政治任务,切实增强中小学校、幼儿园安全建设的责任感和紧迫感,真正做到党政一把手亲自部署、亲自指挥,分管领导具体推进、深化落实。

在组织领导上,各级党委、政府要按照"党政同责、一岗双责"的要求,建立健全党政主要领导负总责、分管领导具体负责、其他领导"一岗双责"的学校安全领导体制,推动学校安全责任落实到岗、落实到人。

在部署安排上,各级党委、政府要将中小学校、幼儿园安全作为经济社会发展的重要指标和社会治理的重要内容,定期召集相关部门组织研究和及时解决学校安全工作中的突出问题,为学校正常开展教育教学活动和课外实践活动提供支持和保障。

各级党委、政府要将所属部门关于学校安全工作的落实情况作为督导、考核的重要内容,对工作不重视、组织不得力、履职不到位的责任人,依据有关规定给予组织、纪律处理,情节严重的依法追究刑事责任。

## 二、强化部门协作联动

在思想认识上，教育、公安、司法行政、建设、交通、文化、卫生、工商、质检、新闻出版等相关部门要充分认识维护中小学校、幼儿园安全的重大意义，做到党政一把手亲自抓，分管领导具体负责，加强组织领导，压实部门责任，按照本部门职责分工，积极配合开展好学校安全工作，确保学校安全工作落到实处。

在体制机制上，各相关部门要加强沟通协调，建立健全学校安全工作协调联动机制，确定各部门的负责领导、组成人员和联络人员，明确工作职责，完善部门间信息沟通、规划统筹、联审会商、协调服务的工作机制，形成各负其责、齐抓共管、互动有力、运转高效的工作格局。

## 三、建立联席会议制度

地方教育部门在所属党委、政府统一领导下，积极协调公安、司法行政、建设、交通、文化、卫生、工商、质检、新闻出版等相关部门，建立学校安全工作联席会议制度，确定联席会议的组成人员，明确联席会议职责，制定联席会议议事规则。

学校安全工作联席会议应当由县级党委、政府一名领导同志牵头担任组长，相关部门主要负责人担任成员。联席会议下设办公室，由教育部门主要负责人兼任主任，负责会议的组织协调、指挥调度等工作。联席会议成员单位各派一名相关科室负责人担任联络员。

联席会议的职责主要包含以下五个方面。

1. 全面掌握学校安全工作状况，制定学校安全工作考核目标，加强对学校安全工作的检查指导，督促学校建立健全并落实安全管理制度。

2. 建立安全工作责任制和事故责任追究制，及时消除安全隐患，指导学校妥善处理学校安全事故。

3. 及时了解学校安全教育情况，组织学校有针对性地开展学生安全教育，不断提高教育实效。

4. 制定校园安全的应急预案，指导、监督下级教育行政部门和学校开展安全工作。

5. 协调政府其他相关职能部门共同做好学校安全管理工作，协助当地人民政府组织对学校安全事故的救援和调查处理。

**典型案例**

### 福建省泉州市

在部门协作治理"校闹"等教育领域热点、难点问题试点过程中，泉州市逐步形成了"三个一"工作机制，即一个联席会制度、一套工作预案和一站式服务模式。"三个一"健全了内控外联的校园安全联防联控机制，构建起"政府负责、部门推进、社会参与、学校为主、规范管理、依法处置"的工作格局。

第一是通过联席会制度，整合协同治理资源。2019年12月，在泉州市未成年人保护联盟的基础上，印发了《泉州市完善预防与处置"校闹"机制工作实施方案》，要求各县（市）在原有工作基础上结合本地实际，出台实施方案。《泉州市完善预防与处置"校闹"机制工作实施方案》就泉州市部门协作治理"校闹"工作联席会成员职责及任务、月例会工作制度、"校闹"预防机制、"校闹"应急处置机制和"校闹"疏导与救济机制提出详细、操作性强的指导意见。各县（市）均结合本地特色，出台有效、可落地的实施方案。联席会成员单位通过例会制度，定期交流未成年人保护、"校闹"治理工作经验，部门间形成良好的沟通、联动机制。

第二是通过工作预案，优化协同治理流程。泉州市坚持预防为先，加强学校安全管理。《泉州市完善预防与处置"校闹"机制工作实施方案》就"校闹"预防机制、应急处置机制和"校闹"疏导与救济机制进行了详细的规定。全市建立健全校园及周边治安形势研判预警机制，加强校园及周边重点人群安全管控、重要区域重点环节安全防控和重点时段安全稳控，指导学校充分利用校园周边"高峰勤务"和"护学岗"机制，积极组织学校安保人员、教师和家长志愿者，配合执勤公安干警做好上下学时段校门周边防控工作，确保校园及周边安全。推进学校安全隐患大排查大整治，联合市检察院制定《教育行业从业申请人违法犯罪记录信息前置查询制度（试行）》，及时清退异常人员45人。

第三是通过一站式服务模式，提升协同治理水平。各县（市）教育局加强与检察院、公安机关的沟通联系，致力打造一站式受理、一站式服务、一站式维权、一站式办结的学生权益法律保护中心。充分发挥法治副校长、辅导员的作用，指导各地成立学校安全人民调解委员会。永春县成立学校安全事故人民调解委员会，设立主任1名，副主任2名，专职工作人员1名，兼职调解员8名；洛江区成立校级调解委员会21个。建立健全学校法律顾问制度。各级各类学校通过学校自聘、多校联聘、县聘校用等方式，聘请专业律师作为学校法律顾问，加强学校防治"校闹"工作。持续推进信访制度改革，坚持运用法治思想和法治方式推进信访工作。制定完善《学校安全事故应急处置预案》，按照规定做好组织救援、事故调查、责任认定及善后处理工作，依法认定事故责任，积极利用行政调解、仲裁、人民调解、保险理赔、法律援助等方式，通过法律途径和方式处理校园安全事故。建立健全学校保险制度。目前，全市大部分学校都办理了学生意外校方责任保险和附加校方无过失责任保险，实现应保尽保、应赔尽赔。

# 附 录

## 附录1

## 教育部等五部门关于完善安全事故处理机制维护学校教育教学秩序的意见

教政法〔2019〕11号

各省、自治区、直辖市教育厅（教委）、高级人民法院、人民检察院、公安厅（局）、司法厅（局），新疆生产建设兵团教育局、新疆维吾尔自治区高级人民法院生产建设兵团分院、新疆生产建设兵团人民检察院、公安局、司法局：

为贯彻落实全国教育大会精神，完善学校安全事故预防与处理机制，形成依法依规、客观公正、多元参与、部门协作的工作格局，为学校（含幼儿园）办学安全托底，解决学校后顾之忧，维护老师和学校应有的尊严，保护学生生命安全，根据教育法、治安管理处罚法、刑法等法律法规和《国务院办公厅关于加强中小学幼儿园安全风险防控体系建设的意见》等有关规定，现提出如下意见。

一、健全学校安全事故预防与处置机制

1.着重加强学校安全事故预防。各级教育部门要依法加强对学校安全工作的督导、检查，会同、配合有关部门加强对学校校舍、场地、消防、食品安全和传染病防控等事项的监管，指导学校完善安全风险防控体系，完善学校安全管理组织机构和责任体系，健全问责机制。各级各类学校要树立预防为先的理念，落实安全标准，健全安全管理制度，完善安全风险排查和防范机制，压实安全责任，加强学生的安全教育、法治教育、生命教育和心理健康教育，建立并严格执行学校教职工聘用资质检查制度，从源头上预防和消除安全风险，杜绝责任事故。健全学校安全隐患投诉机制，对学生、家长和相关方面就学校安全存在问题的投诉、提出的意见建议，及时办理回复。

2. 规范学校安全事故处置程序。各级教育部门要指导、监督学校健全安全事故处置机制，制定处置预案、明确牵头部门、规范处置程序，完善报告制度，提高工作规范化、科学化、专业化水平。安全事故发生后，学校应当立即启动预案，及时开展救助。发生重大事故，要建立由学校主要负责人牵头的处置机制，必要时由当地人民政府或者学校主管部门、其他相关部门牵头处理。学校应当建立便捷的沟通渠道，及时通知受伤害者监护人或者近亲属，告知事故纠纷处理的途径、程序和相关规定，主动协调，积极引导以法治方式处置纠纷。学校要关心受伤害者，保障受伤害者及其监护人、近亲属的知情权和依法合理表达诉求的权利。

3. 健全学校安全事故处理的法律服务机制。司法行政机关应当组织法律援助机构依法为符合条件的学校安全事故受伤害者提供法律援助，指导律师事务所、公证机构等为当事人提供法律服务，指导律师做好代理服务工作，引导当事人依法、理性表达意见，合理提出诉求。有条件的地方可以设立学生权益法律保护中心，以政府购买服务等方式，聘请法律专业服务机构或人员，为学生提供法律服务。纠纷处理过程中，需要鉴定以明确责任的，由双方共同委托或者经当事人申请，由主持调解的机构、组织委托司法鉴定机构进行鉴定。

4. 形成多元化的学校安全事故损害赔偿机制。学校或者学校举办者应按规定投保校方责任险，有条件的可以购买校方无过失责任险和食品安全、校外实习、体育运动伤害等领域的责任保险。要通过财政补贴、家长分担等多种渠道筹措经费，推动设立学校安全综合险，加大保障力度。要增强师生和家长的保险意识，引导家长为学生购买人身保险，有条件的地方可以予以补贴。学校可以引导、利用社会捐赠资金等设置安全风险基金或者学生救助基金，健全救助机制。鼓励有条件的地方建立学校安全赔偿准备基金，或者开展互助计划，健全学校安全事故赔偿机制。

## 二、依法处理学校安全事故纠纷

5. 健全学校安全事故纠纷协商机制。学校安全事故责任明确、各方无重大分歧或异议的，可以协商解决。协商解决纠纷应当坚持自愿、合法、平等的原则，尊重客观事实、注重人文关怀，文明、理性表达意见和诉求。学校应当指定、委托协商代表，或者由法治副校长、学校法律顾问等专业人员主持或参与协商。协商一般应在配置录音、录像、安保等条件的场所进行。受伤害者亲属人数较多的，应当推举代表进行协商，代表人数一般不超过5人并相对固定。双方经协商达成一致的，应当签署书面协议。推动学校建立专业化的安全事故处理委员会，统筹学校安全事故预防与处置。

6. 建立学校安全事故纠纷调解制度。教育部门应当会同司法行政机关推进学校安全事故纠纷调解组织建设，聘任人大代表、政协委员、法治副校长、教育和法律工作者等具备相应专业知识或能力的人员参与调解。建立由教育、法律、医疗、保险、心理、社会工作等方面专业人员组成的专家咨询库，为调解工作提供支持和服务。市县两级行政区域内可根据需要设立学校安全事故人民调解委员会，对学校难于自行协商或者协商不成的安全事故纠纷实现能调尽调。司法行政机关应当会同教育部门、人民法院加强对学校安全事故人民调解委员会的指导，帮助完善受理、调解、回访、反馈等各项工作制度，加强人民调解员队伍建设和业务培训，确保调解依法、规范、公正、有效进行。地方教育部门根据需要可以直接组织行政调解。区域内的高等学校可以加强合作，联合建立事故纠纷调处机制。

7. 依法裁判学校安全事故侵权责任。人民法院对起诉的学校安全事故侵权赔偿案件应当及时立案受理，积极开展诉讼调解，对调解不成的，要按照《中华人民共和国侵权责任法》和相关法律法规，参照《学生伤害事故处理办法》等规章，明确划分责任，及时依法判决；对学校已经依法履行教育、管理职责，行为无过错的，应当依法裁判学校不承担责任。诉讼调解、裁判过程中，要切实保护双方权利，杜绝片面加重学校赔偿责任的情形。最高人民法院通过发布指导性案例等方式，加强审判指导。人民法院在诉讼过程中应当加强法律宣传教育，并做好判后释疑工作。

8. 杜绝不顾法律原则的"花钱买平安"。学校安全事故纠纷处理过程中，要坚守法律底线，根据事故客观事实和法律法规规定，明确各方责任。责任认定前，学校不得赔钱息事。经认定，学校确有责任的，要积极主动、按标准依法确定赔偿金额，给予损害赔偿，不得推诿塞责、拖延不办。学校负责人或者直接管理者有责任的，学校主管部门应当依法依规及时处理、严肃问责。学校无责任的，要澄清事实、及时说明。任何组织和个人不得非法干涉纠纷处理。坚决避免超越法定责任边界，片面加重学校负担、"花钱买平安"，坚决杜绝"大闹大赔""小闹小赔"。原则上，公办中小学、幼儿园人身伤害事故纠纷涉及赔偿金额请求较大的，应当积极引导当事人通过人民调解等方式解决。各地可以根据实际，规定公办中小学校、幼儿园协商赔偿的限额。

三、及时处置、依法打击"校闹"行为

9. 及时制止"校闹"行为。学校安全事故处置过程中，如发生家属及其他校外人员实施围堵学校、在校园内非法聚集、聚众闹事等扰乱学校教育教学和管理秩序，侵犯学校和师生合法权益等"校闹"行为的，学校应当立即向所在地公安机关报案，提供当事方人数、具体行为、有无人员受伤等现场情况，并保护好现场，配合公安机关做好调查取证等工作。公安机关到达前，学校保卫部门可依法采取必要的措施，阻止相关人员进入教育教学区域，防止其干扰教育教学活动。公安机关接到报案后应当立即组织警力赶赴现场，维持现场秩序，控制事态，协助有关部门进行疏导劝阻，防止事态扩大。对现场发生的违法犯罪行为，要坚决果断制止，对涉嫌违法犯罪人员依法查处。

10. 依法惩处"校闹"人员。实施下列"校闹"行为，构成违反治安管理行为的，公安机关应当依照治安管理处罚法相关规定予以处罚：（1）殴打他人、故意伤害他人或者故意损毁公私财物的；（2）侵占、毁损学校房屋、设施设备的；（3）在学校设置障碍、贴报喷字、拉挂横幅、燃放鞭炮、播放哀乐、摆放花圈、泼洒污物、断水断电、堵塞大门、围堵办公场所和道路的；（4）在学校等公共场所停放尸体的；（5）以不准离开工作场所等方式非法限制学校教职工、学生人身自由的；（6）跟踪、纠缠学校相关负责人，侮辱、恐吓教职工、学生的；（7）携带易燃易爆危险物品和管制器具进入学校的；（8）其他扰乱学校教育教学秩序或侵害他人人身财产权益的行为。"校闹"行为造成学校、教职工、学生财产损失或人身伤害，被侵权人依法追究"校闹"人员侵权责任的，应当予以支持。同时，可以通过联合惩戒机制，对实施"校闹"、聚众扰乱社会秩序的人员实施惩戒。

11. 严厉打击涉及"校闹"的犯罪行为。实施"校闹"行为涉嫌构成寻衅滋事罪、聚众扰乱社会秩序罪、故意毁坏财物罪、非法拘禁罪、故意伤害罪和聚众扰乱公共场所秩序、交通秩序罪等，需要追究刑事责任的，公安机关要依法及时立案侦查，全面客观地收集、调取证据，确保侦查质量。人民检察院应当及时依法批捕、起诉。人民法院应当加快审理进度，在全面查明案件事实的基础上依法准确定罪量刑。对故意扩大事态，教唆他人实施针对学校和教职工、学生的违法犯罪行为，或者以受他人委托处理纠纷为名实施敲诈勒索、寻衅滋事等行为的，依法从严惩处。

师生、家长或者校外人员因其他原因在校内非法聚集、游行或者实施其他影响学校正常教育教学秩序行为的，参照上述规定予以处置。

四、建立多部门协调配合工作机制

12. 加强学校及周边安全风险防控。各地要加强校园周边综合治理，在城镇幼儿园、中小学周边全面实行学生安全区域制度。教育部门应当会同公安机关指导学校建立健全突发事件预警应对机制和警校联动联防联控机制，提高应对突发事件的现场处置能力。公安机关要加强校园及周边警务室建设，加强校园周边巡逻防控，及时受理报警求助。

13. 有效应对涉及学校安全事故纠纷的舆情。学校要做好安全事故的信息发布工作，按照规定主动、适时公布或者通报事故信息；在处置预案中明确接待媒体、应对舆情的部门和人员，增强舆情应对的意识和能力。对恶意炒作、报道严重失实的，学校要及时发声、澄清事实。对有较大影响的安全事故事件，属地教育部门应在党委、政府统一领导下，会同相关部门做好舆情引导工作。对于虚假报道引起社会不良影响的，学校应当向有关部门反映或提起诉讼，追究其侵权责任。

14. 营造依法解决学校安全事故纠纷的社会氛围。推动学校安全法律制度建设，鼓励各地制定或修改、完善学校安全方面的地方性法规。司法行政机关要协调指导有关部门加强法治宣传教育，增强社会公众的法治意识，培养尊法学法守法用法的社会氛围，推动形成依法理性解决学校安全事故纠纷的共识。要通过家长学校、家长委员会等多种方式拓宽学生父母或其他监护人参与学校管理和监督的渠道，加强对学生父母或其他监护人的法治宣传，形成和谐家校关系。学校要切实树立依法治校、依法办学理念，通过法治思维和法治方式化解矛盾纠纷，不得为防止发生安全事故而限制或取消正常的课间活动、体育活动和其他社会实践活动。

15. 建立学校安全工作部门协调机制。各地、各有关部门要深刻认识保障学校安全的重要意义，加强组织领导与协调配合，形成工作合力。地方教育部门应当积极协调相关部门建立联席会议等工作制度，定期互通信息，及时研究解决问题，共同维护学校安全，切实为学校办学安全托底，解除学校后顾之忧，保障学校安心办学、静心育人。

各地可以结合实际，制定贯彻实施本意见的具体办法。

教育部 最高人民法院

最高人民检察院 公安部 司法部

2019 年 6 月 25 日

## 附录2

## 国务院办公厅关于加强中小学
## 幼儿园安全风险防控体系建设的意见

国办发〔2017〕35号

各省、自治区、直辖市人民政府，国务院各部委、各直属机构：

校园应当是最阳光、最安全的地方。加强中小学、幼儿园（以下统称学校）安全工作是全面贯彻党的教育方针，保障学生健康成长、全面发展的前提和基础，关系广大师生的人身安全，事关亿万家庭幸福和社会和谐稳定。长期以来，党中央、国务院和地方各级党委、政府高度重视学校安全工作，采取了一系列措施维护学校及周边安全，学校安全形势总体稳定。但是，受各种因素影响，学校安全工作还存在相关制度不完善、不配套，预防风险、处理事故的机制不健全、意识和能力不强等问题。为进一步加强和改进学校安全工作，经国务院同意，现就建立健全学校安全风险防控体系提出以下意见。

一、总体要求

（一）指导思想。高举中国特色社会主义伟大旗帜，全面贯彻党的十八大和十八届三中、四中、五中、六中全会精神，深入贯彻习近平总书记系列重要讲话精神和治国理政新理念新思想新战略，认真落实党中央、国务院决策部署，运用法治思维和法治方式推进综合改革、破解关键问题，建立科学系统、切实有效的学校安全风险防控体系，营造良好教育环境和社会环境，为学生健康成长、全面发展提供保障。

（二）基本原则

坚持统筹协调、综合施策。将学校安全作为公共安全和社会治安综合治理的重要内容，加强组织领导和协调配合，充分发挥政府、学校、家庭、社会各方面作用，运用法律、行政、社会服务、市场机制等各种方式，综合施策、形成合力。

坚持以人为本、全面防控。将可能对学生身心健康和生命安全造成影响的各种不安全因素和风险隐患全面纳入防控范畴，科学预防、系统应对、不留死角。

坚持依法治理、立足长效。突出制度建设的根本性和重要性，依据法治原则和法律规定，做好顶层设计，依法明确各方主体权利、义务与职责，形成防控学校安全风险的长效机制。

坚持分类应对、突出重点。坚持问题导向，根据不同区域、地方以及不同层次类型学校的实际，区分风险的类型和特点，有针对性地构建安全风险防控机制，集中解决群众关心、社会关注的校园安全问题。

（三）工作目标。针对影响学校安全的突出问题、难点问题，进一步整合各方面力量，加强和完善相关制度、机制，深入改革创新，加快形成党委领导、政府负责、社会协同、公众参与、法治保障，科学系统、全面规范、职责明确的学校安全风险预防、管控与处置体系，切实维护师生人身安全，保障校园平安有序，促进社会和谐稳定。

二、完善学校安全风险预防体系

（四）健全学校安全教育机制。将提高学生安全意识和自我防护能力作为素质教育的重要内容，着力提高学校安全教育的针对性与实效性。将安全教育与法治教育有机融合，全面纳入国民教育体系，把尊重生命、保障权利、尊重差异的意识和基本安全常识从小根植在学生心中。在教育中要适当增加反欺凌、反暴力、反恐怖行为、防范针对未成年人的犯罪行为等内容，引导学生明确法律底线、强化规则意识。学校要根据学生群体和年龄特点，有针对性地开展安全专题教育，定期组织应对地震、火灾等情况的应急疏散演练。教育部门要将安全知识作为校长、教师培训的必要内容，加大培训力度并组织必要的考核。各相关部门和单位要组织专门力量，积极参与学校安全教育，广泛开展"安全防范进校园"等活动。鼓励各种社会组织为学校开展安全教育提供支持，设立安全教育实践场所，着力普及和提升家庭、社区的安全教育。

（五）完善有关学校安全的国家标准体系和认证制度。不断健全学校安全的人防、物防和技防标准并予以推广。根据学校特点，以保护学生健康安全为优先原则，加强重点领域标准的制修订工作，尽快制定一批强制性国家标准，逐步形成有关学校安全的国家标准体系。建立学校安全事项专项认证及采信推广机制，对学校使用的关系学生安全的设施设备、教学仪器、建筑材料、体育器械等，按照国家强制性产品认证和自愿性产品认证规定，做好相关认证工作，严格控制产品质量。

（六）探索建立学生安全区域制度。加强校园周边综合治理，在学校周边探索实行学生安全区域制度。在此区域内，依法分别作出禁止新建对环境造成污染的企业、设施，禁止设立上网服务、娱乐、彩票专营等营业场所，禁止设立存在安全隐患的场所等相应要求。在学生安全区域内，公安机关要健全日常巡逻防控制度，加强学校周边"护学岗"建设，完善高峰勤务机制，优先布设视频监控系统，增强学生的安全感；公安交管部门要加强交通秩序管理，完善交通管理设施。

（七）健全学校安全预警和风险评估制度。教育部门要会同相关部门制定区域性学校安全风险清单，建立动态监测和数据搜集、分析机制，及时为学校提供安全风险提示，指导学校健全风险评估和预防制度。要建立台账制度，定期汇总、分析学校及周边存在的安全风险隐患，确定整改措施和时限；在出现可能影响学校安全的公共安全事件、自然灾害等风险时，要第一时间通报学校，指导学校予以防范。

（八）探索建立学校安全风险防控专业服务机制。积极培育可以为学校提供安全风险防控服务的专业化社会组织。采取政府购买服务等方式，鼓励、引导和支持具备相应专业能力的机构、组织，研发、提供学校安全风险预防、安全教育相关的服务或者产品，协助教育部门制定、审核学校安全风险防控预案和相关标准，组织、指导学校有针对性地开展专项安全演练、预防和转移安全风险等工作。

三、健全学校安全风险管控机制

（九）落实安全管理主体责任。教育部门、公安机关要指导、监督学校依法健全各项安全管理制度和安全应急机制。学校要明确安全是办学的底线，切实承担起校内安全管理的主体责任，对校园安全实行校长（园长）负责制，健全校内安全工作领导机构，落实学校、教师对学生的教育和管理责任，狠抓校风校纪，加强校内日常安全管理，做到职责明确、管理有方。在风险可控的前提下，学校应当积极组织体育锻炼、户外活动等，培养学生强健的体魄。学生在校期间，对校园实行封闭化管理，并根据条件在校门口设置硬质防冲撞设施，阻止人员、车辆等非法进入校园。各类中小学校外活动场所、以学生为主要对象的各类培训机构和课外班等，由地方政府统筹协调有关部门承担安全监管责任，督促举办者落实安全管理责任。

（十）建立专兼职结合的学校安保队伍。学校应当按照相关规定，根据实际和需要，配备必要的安全保卫力量。除学生人数较少的学校外，每所学校应当至少有1名专职安全保卫人员或者受过专门培训的安全管理人员。地方人民政府、有条件的学校可以以购买服务等方式，将校园安全保卫服务交由专门保安服务公司提供。学校要与社区、家长合作，有条件的建立学校安全保卫志愿者队伍，在上下学时段维护学校及校门口秩序。寄宿制学校要根据需要配备宿舍管理人员。

（十一）着力建设安全校园环境。各地要坚持安全优先、勤俭节约的原则开展校园建设。学校建设规划、选址要严格执行国家相关标准规范，对地质灾害、自然灾害、环境污染等因素进行全面评估。各地要建立健全校舍安全保障长效机制，保证学校的校舍、场地、教学及生活设施等符合安全质量和标准。校舍建设要严格执行国家建筑抗震有关技术规范和标准，有条件建设学校体育馆的地方，要按照国家防灾避难相关标准建设。完善学校安全技术防范系统，在校园主要区域要安装视频图像采集装置，有条件的要安装周界报警装置和一键报警系统，做到公共区域无死角。建立校园工程质量终身责任制，凡是在校园工程建设中出现质量问题导致严重后果的建设、勘察、设计、施工、监理单位，一旦查实，承担终身责任并限制进入相关领域。

（十二）进一步健全警校合作机制。各级教育部门、公安机关和学校要在信息沟通、应急处置等方面加强协作，健全联动机制。公安机关要进一步完善与维护校园安全相适应的组织机构设置形式和警力配置，加强学校及周边警务室建设，派出经验丰富的民警加强学校安全防范工作指导。要将校园视频监控系统、紧急报警装置接入公安机关、教育部门的监控或报警平台，并与公共安全视频监控联网共享平台对接，逐步建立校园安全网上巡查系统，及时掌握、快速处理学校安全相关问题。

（十三）健全相关部门日常管理职责体系。政府各相关部门要切实承担起学校安全日常管理的职责。卫生计生部门要加强对学校卫生防疫和卫生保健工作的监督指导，对于学校出现的疫情或者学生群体性健康问题，要及时指导教育部门或者学校采取措施。食品药品监管部门对学校食堂和学校采购的用于学生集体使用的食品、药品要加强监督检查，指导、监督学校落实责任，保障食品、药品符合相关标准和规范。住房城乡建设部门要加强对学校工程建设过程的监管。环保部门要加强对学校及周边大气、土壤、水体环境安全的监管。交通运输部门要加强对提供学生集体用车服务的道路运输企业的监管，综合考虑学生出行需求，合理规划城市公共交通和农村客运线路，为学生和家长选择公共交通出行提供安全、便捷的交通服务。质量监督部门应当对学校特种设备实施重点监督检查，配合教育部门加强对学校采购产品的质量监管，在学校建立产品质量安全风险信息监测采集机制。公安消防部门要依法加强对学校的消防安全检查,指导学校落实消防安全责任,消除火灾隐患。综治、工商、文化、新闻出版广电、城市管理等部门要落实职责,加强对校园周边特别是学生安全区域内有关经营服务场所、经营活动的管理和监督,消除安全隐患。

(十四)构建防控学生欺凌和暴力行为的有效机制。教育部门要会同有关部门研究制定学生欺凌和暴力行为早期发现、预防以及应对的指导手册,建立专项报告和统计分析机制。学校要切实履行教育、管理责任,设立学生求助电话和联系人,及早发现、及时干预和制止欺凌、暴力行为。对有不良行为、暴力行为的学生,探索建立由校园警务室民警或者担任法治副校长、辅导员的民警实施训诫的制度。对实施暴力情节严重,构成违法犯罪的学生,公安、司法机关要坚持宽容但不纵容、关爱又严管的原则,指定专门机构或者专门人员依法处理,特别是对犯罪性质和情节恶劣、手段残忍、后果严重的,必须坚决依法惩处,形成积极正面的教育作用。改革完善专门教育制度,健全专门学校接收学生进行教育矫治的程序,完善专门学校管理体制和运行机制。网络管理部门发现通过网络传播的欺凌或者校园暴力事件,要及时予以管控并通报相关部门。

(十五)严厉打击涉及学校和学生安全的违法犯罪行为。对非法侵入学校扰乱教育教学秩序、侵害师生生命财产安全等违法犯罪行为,公安机关要依法坚决处置、严厉打击,实行专案专人制度。进一步深化平安校园创建活动。建立学校周边治安形势研判预警机制,对涉及学校和学生安全的违法犯罪行为和犯罪团伙,要及时组织开展专项打击整治行动,防止发展蔓延。教育部门要健全学校对未成年学生权利的保护制度,对体罚、性骚扰、性侵害等侵害学生人身健康的违法犯罪行为,要建立零容忍制度,及早发现、及时处理、从严问责,应当追究法律责任的,要协同配合公安、司法机关严格依法惩处。

(十六)形成广泛参与的学生安全保护网络。教育部门要健全对校园内发生的侵害学生人身权利行为的监督机制和举报渠道，建立规范的调查处理程序。有关部门要与学校、未成年人保护组织、家长加强衔接配合，共同构建对受到伤害学生和涉嫌违法犯罪学生的心理疏导、安抚救助和教育矫正机制。共青团组织要完善未成年人维权热线，提供相应法律咨询、心理辅导等。妇联组织要积极指导家长进行正确的家庭教育，开展未成年人家庭保护相关法律法规宣传，组织落实对未成年人家庭保护的法律规定。支持和鼓励律师协会、政法院校等法律专业组织和单位，设立未成年学生保护的公益性组织，利用和发展未成年人保护志愿律师网络，为学生维护合法权益提供法律服务。

四、完善学校安全事故处理和风险化解机制

（十七）健全学校安全事故应对机制。学校发生重特大安全事故，地方政府要在第一时间启动相应的应急处理预案，统一领导，及时动员和组织救援和事故调查、开展责任认定及善后处理，并及时回应社会关切。发生重大自然灾害、公共安全事故，应当优先组织对受影响学校开展救援。教育部门应当指导学校建立安全事故处置预案，健全学校安全事故的报告、处置和部门协调机制。在校内及校外教育教学活动中发生安全事故，学校应当及时组织教职工参与抢险、救助和防护，保障学生身体健康和人身安全。

（十八）健全学校安全事故责任追究和处理制度。发生造成师生伤亡的安全事故，有关部门要依法认定事故责任，学校及相关方面有责任的，要严肃追究有关负责人的责任；学校无责任的，要澄清事实、及时说明，避免由学校承担不应承担的责任。司法机关要加强案例指导，引导社会依法合理认识学校的安全责任，明确学生监护人的职责。积极利用行政调解、仲裁、人民调解、保险理赔、法律援助等方式，通过法治途径和方式处理学校安全事故，及时依法赔偿，理性化解纠纷。对围堵校园、殴打侮辱教师、干扰学校正常教育教学秩序等"校闹"行为，公安机关要及时坚决予以制止。

（十九）建立多元化的事故风险分担机制。学校举办者应当按规定为学校购买校方责任险，义务教育阶段学校投保校方责任险所需经费从公用经费中列支，其他学校投保校方责任险的费用，由各省（区、市）按照国家有关规定执行。各地要根据经济社会发展情况，结合实际合理确定校方责任险的投保责任，规范理赔程序和理赔标准。有条件的地方，可以积极探索与学生利益密切相关的食品安全、校外实习、体育运动伤害等领域的责任保险，充分发挥保险在化解学校安全风险方面的功能作用。保险监管部门要加强对涉及学校的保险业务的监督和管理，会同教育部门依法规范保险公司与学校的合作，严禁以学校名义指定学生购买或者向学生直接推销保险产品。要大力增强师生和家长的保险意识，引导家长根据自愿原则参加保险，分担学生在学校期间因意外而发生的风险。鼓励各种社会组织设立学校安全风险基金或者学生救助基金，健全学生意外伤害救助机制。

（二十）积极构建学校依法处理安全事故的支持体系。各地要采取措施，在中小学推广建立法律顾问制度。教育部门和学校要建立健全新闻发言人制度，增强事故发生后的舆情应对能力。要发挥好安全风险防控专业服务机制的作用，借助专业机构在损失评估、理赔服务、调处纠纷等方面的力量，帮助学校妥善处理事故。教育、司法行政部门要会同相关部门，探索在有需求的县（市、区）设立学校安全事故人民调解委员会，吸纳具有较强专业知识和社会公信力、知名度，热心调解和教育事业的社会人士担任人民调解员，依法调解学校安全事故民事赔偿纠纷。

五、强化领导责任和保障机制

（二十一）加强组织领导。各地要高度重视学校安全风险防控工作，将学校安全作为经济社会发展的重要指标和社会治理的重要内容，建立党委领导、政府主导、相关部门和单位参加的学校安全风险防控体系建设协调机制，定期研究和及时解决学校安全工作中的突出问题，切实为学校正常开展教育教学活动和课外实践活动提供支持和保障。各相关部门和单位要制定具体细则或办法，落实本意见提出的工作要求，加强沟通协调，协同推动防控机制建设，形成各司其职、齐抓共管的工作格局。

（二十二）强化基础保障。各级教育部门、公安机关要明确归口负责学校安全风险防控的专门机构，完善组织体系与工作机制，配齐配强工作力量。各级机构编制部门要根据工作需要，优化现有编制结构，适当向教育部门、公安机关负责学校安全风险防范的机构倾斜。各级财政部门要按规定将学校安全风险防控经费纳入一般公共预算，保障合理支出。要健全学校安全风险防控的网络管理与服务系统，整合各方面力量，积极利用互联网和信息技术，为学校提供便捷、权威的安全风险防控的专业咨询和技术支持服务。加快完善学校安全法律规范，推动适时修改关于未成年人保护的相关法律，启动防控校园暴力行为等相关法律的制修订工作，构建完善的法律保障体系。

（二十三）健全督导与考核机制。各级人民政府教育督导机构要将学校安全工作作为教育督导的重要内容，加强对政府及各有关部门、学校落实安全风险防控职责的监督、检查。对重大安全事故或者产生重大影响的校园安全事件，要组织专项督导并向社会公布督导报告。对学校安全事故频发的地区，要以约谈、挂牌督办等方式督促其限期整改。教育部门要将安全风险防控工作的落实情况，作为考核学校依法办学和学校领导班子工作的重要内容。

高等学校应当结合自身实际，参照本意见，健全安全风险防控体系，完善工作机制和建设方案，所在地的地方人民政府及有关部门应当予以指导、支持，切实履行相关职责。

国务院办公厅

2017 年 4 月 25 日

# 附录 3

## 学生伤害事故处理办法

中华人民共和国教育部令第 12 号

根据 2010 年教育部令第 30 号修改

### 第一章 总则

**第一条** 为积极预防、妥善处理在校学生伤害事故，保护学生、学校的合法权益，根据《中华人民共和国教育法》《中华人民共和国未成年人保护法》和其他相关法律、行政法规及有关规定，制定本办法。

**第二条** 在学校实施的教育教学活动或者学校组织的校外活动中，以及在学校负有管理责任的校舍、场地、其他教育教学设施、生活设施内发生的，造成在校学生人身损害后果的事故的处理，适用本办法。

**第三条** 学生伤害事故应当遵循依法、客观公正、合理适当的原则，及时、妥善地处理。

**第四条** 学校的举办者应当提供符合安全标准的校舍、场地、其他教育教学设施和生活设施。

教育行政部门应当加强学校安全工作，指导学校落实预防学生伤害事故的措施，指导、协助学校妥善处理学生伤害事故，维护学校正常的教育教学秩序。

**第五条** 学校应当对在校学生进行必要的安全教育和自护自救教育；应当按照规定，建立健全安全制度，采取相应的管理措施，预防和消除教育教学环境中存在的安全隐患；当发生伤害事故时，应当及时采取措施救助受伤害学生。

学校对学生进行安全教育、管理和保护，应当针对学生年龄、认知能力和法律行为能力的不同，采用相应的内容和预防措施。

第六条 学生应当遵守学校的规章制度和纪律；在不同的受教育阶段，应当根据自身的年龄、认知能力和法律行为能力，避免和消除相应的危险。

第七条 未成年学生的父母或者其他监护人（以下称为监护人）应当依法履行监护职责，配合学校对学生进行安全教育、管理和保护工作。

学校对未成年学生不承担监护职责，但法律有规定的或者学校依法接受委托承担相应监护职责的情形除外。

## 第二章 事故与责任

第八条 学生伤害事故的责任，应当根据相关当事人的行为与损害后果之间的因果关系依法确定。

因学校、学生或者其他相关当事人的过错造成的学生伤害事故，相关当事人应当根据其行为过错程度的比例及其与损害后果之间的因果关系承担相应的责任。当事人的行为是损害后果发生的主要原因，应当承担主要责任；当事人的行为是损害后果发生的非主要原因，承担相应的责任。

第九条 因下列情形之一造成的学生伤害事故，学校应当依法承担相应的责任：

（一）学校的校舍、场地、其他公共设施，以及学校提供给学生使用的学具、教育教学和生活设施、设备不符合国家规定的标准，或者有明显不安全因素的；

（二）学校的安全保卫、消防、设施设备管理等安全管理制度有明显疏漏，或者管理混乱，存在重大安全隐患，而未及时采取措施的；

（三）学校向学生提供的药品、食品、饮用水等不符合国家或者行业的有关标准、要求的；

（四）学校组织学生参加教育教学活动或者校外活动，未对学生进行相应的安全教育，并未在可预见的范围内采取必要的安全措施的；

（五）学校知道教师或者其他工作人员患有不适宜担任教育教学工作的疾病，但未采取必要措施的；

（六）学校违反有关规定，组织或者安排未成年学生从事不宜未成年人参加的劳动、体育运动或者其他活动的；

（七）学生有特异体质或者特定疾病，不宜参加某种教育教学活动，学校知道或者应当知道，但未予以必要的注意的；

（八）学生在校期间突发疾病或者受到伤害，学校发现，但未根据实际情况及时采取相应措施，导致不良后果加重的；

（九）学校教师或者其他工作人员体罚或者变相体罚学生，或者在履行职责过程中违反工作要求、操作规程、职业道德或者其他有关规定的；

（十）学校教师或者其他工作人员在负有组织、管理未成年学生的职责期间，发现学生行为具有危险性，但未进行必要的管理、告诫或者制止的；

（十一）对未成年学生擅自离校等与学生人身安全直接相关的信息，学校发现或者知道，但未及时告知未成年学生的监护人，导致未成年学生因脱离监护人的保护而发生伤害的；

（十二）学校有未依法履行职责的其他情形的。

第十条　学生或者未成年学生监护人由于过错，有下列情形之一，造成学生伤害事故，应当依法承担相应的责任：

（一）学生违反法律法规的规定，违反社会公共行为准则、学校的规章制度或者纪律，实施按其年龄和认知能力应当知道具有危险或者可能危及他人的行为的；

（二）学生行为具有危险性，学校、教师已经告诫、纠正，但学生不听劝阻、拒不改正的；

（三）学生或者其监护人知道学生有特异体质，或者患有特定疾病，但未告知学校的；

（四）未成年学生的身体状况、行为、情绪等有异常情况，监护人知道或者已被学校告知，但未履行相应监护职责的；

（五）学生或者未成年学生监护人有其他过错的。

第十一条　学校安排学生参加活动，因提供场地、设备、交通工具、食品及其他消费与服务的经营者，或者学校以外的活动组织者的过错造成的学生伤害事故，有过错的当事人应当依法承担相应的责任。

第十二条　因下列情形之一造成的学生伤害事故，学校已履行了相应职责，行为并无不当的，无法律责任：

（一）地震、雷击、台风、洪水等不可抗的自然因素造成的；

（二）来自学校外部的突发性、偶发性侵害造成的；

（三）学生有特异体质、特定疾病或者异常心理状态，学校不知道或者难于知道的；

（四）学生自杀、自伤的；

（五）在对抗性或者具有风险性的体育竞赛活动中发生意外伤害的；

（六）其他意外因素造成的。

第十三条　下列情形下发生的造成学生人身损害后果的事故，学校行为并无不当的，不承担事故责任；事故责任应当按有关法律法规或者其他有关规定认定：

（一）在学生自行上学、放学、返校、离校途中发生的；

（二）在学生自行外出或者擅自离校期间发生的；

（三）在放学后、节假日或者假期等学校工作时间以外，学生自行滞留学校或者自行到校发生的；

（四）其他在学校管理职责范围外发生的。

第十四条　因学校教师或者其他工作人员与其职务无关的个人行为，或者因学生、教师及其他个人故意实施的违法犯罪行为，造成学生人身损害的，由致害人依法承担相应的责任。

第三章　事故处理程序

第十五条　发生学生伤害事故，学校应当及时救助受伤害学生，并应当及时告知未成年学生的监护人；有条件的，应当采取紧急救援等方式救助。

第十六条　发生学生伤害事故，情形严重的，学校应当及时向主管教育行政部门及有关部门报告；属于重大伤亡事故的，教育行政部门应当按照有关规定及时向同级人民政府和上一级教育行政部门报告。

第十七条　学校的主管教育行政部门应学校要求或者认为必要，可以指导、协助学校进行事故的处理工作，尽快恢复学校正常的教育教学秩序。

第十八条　发生学生伤害事故，学校与受伤害学生或者学生家长可以通过协商方式解决；双方自愿，可以书面请求主管教育行政部门进行调解。

成年学生或者未成年学生的监护人也可以依法直接提起诉讼。

第十九条　教育行政部门收到调解申请，认为必要的，可以指定专门人员进行调解，并应当在受理申请之日起60日内完成调解。

第二十条　经教育行政部门调解，双方就事故处理达成一致意见的，应当在调解人员的见证下签订调解协议，结束调解；在调解期限内，双方不能达成一致意见，或者调解过程中一方提起诉讼，人民法院已经受理的，应当终止调解。调解结束或者终止，教育行政部门应当书面通知当事人。

第二十一条　对经调解达成的协议，一方当事人不履行或者反悔的，双方可以依法提起诉讼。

第二十二条　事故处理结束，学校应当将事故处理结果书面报告主管的教育行政部门；重大伤亡事故的处理结果，学校主管的教育行政部门应当向同级人民政府和上一级教育行政部门报告。

第四章　事故损害的赔偿

第二十三条　对发生学生伤害事故负有责任的组织或者个人，应当按照法律法规的有关规定，承担相应的损害赔偿责任。

第二十四条　学生伤害事故赔偿的范围与标准，按照有关行政法规、地方性法规或者最高人民法院司法解释中的有关规定确定。

教育行政部门进行调解时，认为学校有责任的，可以依照有关法律法规及国家有关规定，提出相应的调解方案。

第二十五条　对受伤害学生的伤残程度存在争议的，可以委托当地具有相应鉴定资格的医院或者有关机构，依据国家规定的人体伤残标准进行鉴定。

第二十六条　学校对学生伤害事故负有责任的，根据责任大小，适当予以经济赔偿，但不承担解决户口、住房、就业等与救助受伤害学生、赔偿相应经济损失无直接关系的其他事项。

学校无责任的，如果有条件，可以根据实际情况，本着自愿和可能的原则，对受伤害学生给予适当的帮助。

第二十七条　因学校教师或者其他工作人员在履行职务中的故意或者重大过失造成的学生伤害事故，学校予以赔偿后，可以向有关责任人员追偿。

第二十八条　未成年学生对学生伤害事故负有责任的，由其监护人依法承担相应的赔偿责任。

学生的行为侵害学校教师及其他工作人员以及其他组织、个人的合法权益，造成损失的，成年学生或者未成年学生的监护人应当依法予以赔偿。

第二十九条　根据双方达成的协议、经调解形成的协议或者人民法院的生效判决，应当由学校负担的赔偿金，学校应当负责筹措；学校无力完全筹措的，由学校的主管部门或者举办者协助筹措。

第三十条　县级以上人民政府教育行政部门或者学校举办者有条件的，可以通过设立学生伤害赔偿准备金等多种形式，依法筹措伤害赔偿金。

第三十一条　学校有条件的，应当依据保险法的有关规定，参加学校责任保险。

教育行政部门可以根据实际情况，鼓励中小学参加学校责任保险。

提倡学生自愿参加意外伤害保险。在尊重学生意愿的前提下，学校可以为学生参加意外伤害保险创造便利条件，但不得从中收取任何费用。

### 第五章　事故责任者的处理

第三十二条　发生学生伤害事故，学校负有责任且情节严重的，教育行政部门应当根据有关规定，对学校的直接负责的主管人员和其他直接责任人员，分别给予相应的行政处分；有关责任人的行为触犯刑律的，应当移送司法机关依法追究刑事责任。

第三十三条　学校管理混乱，存在重大安全隐患的，主管的教育行政部门或者其他有关部门应当责令其限期整顿；对情节严重或者拒不改正的，应当依据法律法规的有关规定，给予相应的行政处罚。

第三十四条　教育行政部门未履行相应职责，对学生伤害事故的发生负有责任的，由有关部门对直接负责的主管人员和其他直接责任人员分别给予相应的行政处分；有关责任人的行为触犯刑律的，应当移送司法机关依法追究刑事责任。

第三十五条　违反学校纪律，对造成学生伤害事故负有责任的学生，学校可以给予相应的处分；触犯刑律的，由司法机关依法追究刑事责任。

第三十六条　受伤害学生的监护人、亲属或者其他有关人员，在事故处理过程中无理取闹，扰乱学校正常教育教学秩序，或者侵犯学校、学校教师或者其他工作人员的合法权益的，学校应当报告公安机关依法处理；造成损失的，可以依法要求赔偿。

## 第六章　附则

第三十七条　本办法所称学校，是指国家或者社会力量举办的全日制的中小学（含特殊教育学校）、各类中等职业学校、高等学校。本办法所称学生是指在上述学校中全日制就读的受教育者。

第三十八条　幼儿园发生的幼儿伤害事故，应当根据幼儿为完全无行为能力人的特点，参照本办法处理。

第三十九条　其他教育机构发生的学生伤害事故，参照本办法处理。

在学校注册的其他受教育者在学校管理范围内发生的伤害事故，参照本办法处理。

第四十条　本办法自2002年9月1日起实施，原国家教委、教育部颁布的与学生人身安全事故处理有关的规定，与本办法不符的，以本办法为准。

在本办法实施之前已处理完毕的学生伤害事故不再重新处理。

# 附录 4

## 中小学幼儿园安全管理办法

中华人民共和国教育部令第 23 号

### 第一章 总则

第一条 为加强中小学、幼儿园安全管理，保障学校及其学生和教职工的人身、财产安全，维护中小学、幼儿园正常的教育教学秩序，根据《中华人民共和国教育法》等法律法规，制定本办法。

第二条 普通中小学、中等职业学校、幼儿园（班）、特殊教育学校、工读学校（以下统称学校）的安全管理适用本办法。

第三条 学校安全管理遵循积极预防、依法管理、社会参与、各负其责的方针。

第四条 学校安全管理工作主要包括：

（一）构建学校安全工作保障体系，全面落实安全工作责任制和事故责任追究制，保障学校安全工作规范、有序进行；

（二）健全学校安全预警机制，制定突发事件应急预案，完善事故预防措施，及时排除安全隐患，不断提高学校安全工作管理水平；

（三）建立校园周边整治协调工作机制，维护校园及周边环境安全；

（四）加强安全宣传教育培训，提高师生安全意识和防护能力；

（五）事故发生后启动应急预案、对伤亡人员实施救治和责任追究等。

第五条 各级教育、公安、司法行政、建设、交通、文化、卫生、工商、质检、新闻出版等部门在本级人民政府的领导下，依法履行学校周边治理和学校安全的监督与管理职责。

学校应当按照本办法履行安全管理和安全教育职责。

社会团体、企业事业单位、其他社会组织和个人应当积极参与和支持学校安全工作，依法维护学校安全。

## 第二章 安全管理职责

第六条 地方各级人民政府及其教育、公安、司法行政、建设、交通、文化、卫生、工商、质检、新闻出版等部门应当按照职责分工，依法负责学校安全工作，履行学校安全管理职责。

第七条 教育行政部门对学校安全工作履行下列职责：

（一）全面掌握学校安全工作状况，制定学校安全工作考核目标，加强对学校安全工作的检查指导，督促学校建立健全并落实安全管理制度；

（二）建立安全工作责任制和事故责任追究制，及时消除安全隐患，指导学校妥善处理学生伤害事故；

（三）及时了解学校安全教育情况，组织学校有针对性地开展学生安全教育，不断提高教育实效；

（四）制定校园安全的应急预案，指导、监督下级教育行政部门和学校开展安全工作；

（五）协调政府其他相关职能部门共同做好学校安全管理工作，协助当地人民政府组织对学校安全事故的救援和调查处理。

教育督导机构应当组织学校安全工作的专项督导。

第八条 公安机关对学校安全工作履行下列职责：

（一）了解掌握学校及周边治安状况，指导学校做好校园保卫工作，及时依法查处扰乱校园秩序、侵害师生人身、财产安全的案件；

（二）指导和监督学校做好消防安全工作；

（三）协助学校处理校园突发事件。

第九条 卫生部门对学校安全工作履行下列职责：

（一）检查、指导学校卫生防疫和卫生保健工作，落实疾病预防控制措施；

（二）监督、检查学校食堂、学校饮用水和游泳池的卫生状况。

第十条　建设部门对学校安全工作履行下列职责：

（一）加强对学校建筑、燃气设施设备安全状况的监管，发现安全事故隐患的，应当依法责令立即排除；

（二）指导校舍安全检查鉴定工作；

（三）加强对学校工程建设各环节的监督管理，发现校舍、楼梯护栏及其他教学、生活设施违反工程建设强制性标准的，应责令纠正；

（四）依法督促学校定期检验、维修和更新学校相关设施设备。

第十一条　质量技术监督部门应当定期检查学校特种设备及相关设施的安全状况。

第十二条　公安、卫生、交通、建设等部门应当定期向教育行政部门和学校通报与学校安全管理相关的社会治安、疾病防治、交通等情况，提出具体预防要求。

第十三条　文化、新闻出版、工商等部门应当对校园周边的有关经营服务场所加强管理和监督，依法查处违法经营者，维护有利于青少年成长的良好环境。

司法行政、公安等部门应当按照有关规定履行学校安全教育职责。

第十四条　举办学校的地方人民政府、企业事业组织、社会团体和公民个人，应当对学校安全工作履行下列职责：

（一）保证学校符合基本办学标准，保证学校围墙、校舍、场地、教学设施、教学用具、生活设施和饮用水源等办学条件符合国家安全质量标准；

（二）配置紧急照明装置和消防设施与器材，保证学校教学楼、图书馆、实验室、师生宿舍等场所的照明、消防条件符合国家安全规定；

（三）定期对校舍安全进行检查，对需要维修的，及时予以维修；对确认的危房，及时予以改造。

举办学校的地方人民政府应当依法维护学校周边秩序，保障师生和学校的合法权益，为学校提供安全保障。

有条件的，学校举办者应当为学校购买责任保险。

## 第三章　校内安全管理制度

第十五条　学校应当遵守有关安全工作的法律、法规和规章，建立健全校内各项安全管理制度和安全应急机制，及时消除隐患，预防发生事故。

第十六条　学校应当建立校内安全工作领导机构，实行校长负责制；应当设立保卫机构，配备专职或者兼职安全保卫人员，明确其安全保卫职责。

第十七条　学校应当健全门卫制度，建立校外人员入校的登记或者验证制度，禁止无关人员和校外机动车入内，禁止将非教学用易燃易爆物品、有毒物品、动物和管制器具等危险物品带入校园。

学校门卫应当由专职保安或者其他能够切实履行职责的人员担任。

第十八条　学校应当建立校内安全定期检查制度和危房报告制度，按照国家有关规定安排对学校建筑物、构筑物、设备、设施进行安全检查、检验；发现存在安全隐患的，应当停止使用，及时维修或者更换；维修、更换前应当采取必要的防护措施或者设置警示标志。学校无力解决或者无法排除的重大安全隐患，应当及时书面报告主管部门和其他相关部门。

学校应当在校内高地、水池、楼梯等易发生危险的地方设置警示标志或者采取防护设施。

第十九条　学校应当落实消防安全制度和消防工作责任制，对于政府保障配备的消防设施和器材加强日常维护，保证其能够有效使用，并设置消防安全标志，保证疏散通道、安全出口和消防车通道畅通。

第二十条　学校应当建立用水、用电、用气等相关设施设备的安全管理制度，定期进行检查或者按照规定接受有关主管部门的定期检查，发现老化或者损毁的，及时进行维修或者更换。

第二十一条　学校应当严格执行《学校食堂与学生集体用餐卫生管理规定》《餐饮业和学生集体用餐配送单位卫生规范》，严格遵守卫生操作规范。建立食堂物资定点采购和索证、登记制度与饭菜留验和记录制度，检查饮用水的卫生安全状况，保障师生饮食卫生安全。

第二十二条　学校应当建立实验室安全管理制度，并将安全管理制度和操作规程置于实验室显著位置。

学校应当严格建立危险化学品、放射物质的购买、保管、使用、登记、注销等制度，保证将危险化学品、放射物质存放在安全地点。

第二十三条　学校应当按照国家有关规定配备具有从业资格的专职医务（保健）人员或者兼职卫生保健教师，购置必需的急救器材和药品，保障对学生常见病的治疗，并负责学校传染病疫情及其他突发公共卫生事件的报告。有条件的学校，应当设立卫生（保健）室。

新生入学应当提交体检证明。托幼机构与小学在入托、入学时应当查验预防接种证。学校应当建立学生健康档案，组织学生定期体检。

第二十四条　学校应当建立学生安全信息通报制度，将学校规定的学生到校和放学时间、学生非正常缺席或者擅自离校情况，以及学生身体和心理的异常状况等关系学生安全的信息，及时告知其监护人。

对有特异体质、特定疾病或者其他生理、心理状况异常以及有吸毒行为的学生，学校应当做好安全信息记录，妥善保管学生的健康与安全信息资料，依法保护学生的个人隐私。

第二十五条　有寄宿生的学校应当建立住宿学生安全管理制度，配备专人负责住宿学生的生活管理和安全保卫工作。

学校应当对学生宿舍实行夜间巡查、值班制度，并针对女生宿舍安全工作的特点，加强对女生宿舍的安全管理。

学校应当采取有效措施，保证学生宿舍的消防安全。

第二十六条　学校购买或者租用机动车专门用于接送学生的，应当建立车辆管理制度，并及时到公安机关交通管理部门备案。接送学生的车辆必须检验合格，并定期维护和检测。接送学生专用校车应当粘贴统一标识。

标识样式由省级公安机关交通管理部门和教育行政部门制定。

学校不得租用拼装车、报废车和个人机动车接送学生。

接送学生的机动车驾驶员应当身体健康，具备相应准驾车型3年以上安全驾驶经历，最近3年内任一记分周期没有记满12分记录，无致人伤亡的交通责任事故。

第二十七条　学校应当建立安全工作档案，记录日常安全工作、安全责任落实、安全检查、安全隐患消除等情况。

安全档案作为实施安全工作目标考核、责任追究和事故处理的重要依据。

### 第四章　日常安全管理

第二十八条　学校在日常的教育教学活动中应当遵循教学规范，落实安全管理要求，合理预见、积极防范可能发生的风险。

学校组织学生参加的集体劳动、教学实习或者社会实践活动，应当符合学生的心理、生理特点和身体健康状况。

学校以及接受学生参加教育教学活动的单位必须采取有效措施，为学生活动提供安全保障。

第二十九条　学校组织学生参加大型集体活动，应当采取下列安全措施：

（一）成立临时的安全管理组织机构；

（二）有针对性地对学生进行安全教育；

（三）安排必要的管理人员，明确所负担的安全职责；

（四）制定安全应急预案，配备相应设施。

第三十条　学校应当按照《学校体育工作条例》和教学计划组织体育教学和体育活动，并根据教学要求采取必要的保护和帮助措施。

学校组织学生开展体育活动，应当避开主要街道和交通要道；开展大型体育活动以及其他大型学生活动，必须经过主要街道和交通要道的，应当事先与公安机关交通管理部门共同研究并落实安全措施。

第三十一条  小学、幼儿园应当建立低年级学生、幼儿上下学时接送的交接制度，不得将晚离学校的低年级学生、幼儿交与无关人员。

第三十二条  学生在教学楼进行教学活动和晚自习时，学校应当合理安排学生疏散时间和楼道上下顺序，同时安排人员巡查，防止发生拥挤踩踏伤害事故。

晚自习学生没有离校之前，学校应当有负责人和教师值班、巡查。

第三十三条  学校不得组织学生参加抢险等应当由专业人员或者成人从事的活动，不得组织学生参与制作烟花爆竹、有毒化学品等具有危险性的活动，不得组织学生参加商业性活动。

第三十四条  学校不得将场地出租给他人从事易燃、易爆、有毒、有害等危险品的生产、经营活动。

学校不得出租校园内场地停放校外机动车辆；不得利用学校用地建设对社会开放的停车场。

第三十五条  学校教职工应当符合相应任职资格和条件要求。学校不得聘用因故意犯罪而受到刑事处罚的人，或者有精神病史的人担任教职工。

学校教师应当遵守职业道德规范和工作纪律，不得侮辱、殴打、体罚或者变相体罚学生；发现学生行为具有危险性的，应当及时告诫、制止，并与学生监护人沟通。

第三十六条  学生在校学习和生活期间，应当遵守学校纪律和规章制度，服从学校的安全教育和管理，不得从事危及自身或者他人安全的活动。

第三十七条  监护人发现被监护人有特异体质、特定疾病或者异常心理状况的，应当及时告知学校。

学校对已知的有特异体质、特定疾病或者异常心理状况的学生，应当给予适当关注和照顾。生理、心理状况异常不宜在校学习的学生，应当休学，由监护人安排治疗、休养。

## 第五章　安全教育

**第三十八条**　学校应当按照国家课程标准和地方课程设置要求，将安全教育纳入教学内容，对学生开展安全教育，培养学生的安全意识，提高学生的自我防护能力。

**第三十九条**　学校应当在开学初、放假前，有针对性地对学生集中开展安全教育。新生入校后，学校应当帮助学生及时了解相关的学校安全制度和安全规定。

**第四十条**　学校应当针对不同课程实验课的特点与要求，对学生进行实验用品的防毒、防爆、防辐射、防污染等的安全防护教育。

学校应当对学生进行用水、用电的安全教育，对寄宿学生进行防火、防盗和人身防护等方面的安全教育。

**第四十一条**　学校应当对学生开展安全防范教育，使学生掌握基本的自我保护技能，应对不法侵害。

学校应当对学生开展交通安全教育，使学生掌握基本的交通规则和行为规范。

学校应当对学生开展消防安全教育，有条件的可以组织学生到当地消防站参观和体验，使学生掌握基本的消防安全知识，提高防火意识和逃生自救的能力。

学校应当根据当地实际情况，有针对性地对学生开展到江河湖海、水库等地方戏水、游泳的安全卫生教育。

**第四十二条**　学校可根据当地实际情况，组织师生开展多种形式的事故预防演练。

学校应当每学期至少开展一次针对洪水、地震、火灾等灾害事故的紧急疏散演练，使师生掌握避险、逃生、自救的方法。

**第四十三条**　教育行政部门按照有关规定，与人民法院、人民检察院和公安、司法行政等部门以及高等学校协商，选聘优秀的法律工作者担任学校的兼职法制副校长或者法制辅导员。

兼职法制副校长或者法制辅导员应当协助学校检查落实安全制度和安全事故处理、定期对师生进行法制教育等，其工作成果纳入派出单位的工作考核内容。

第四十四条　教育行政部门应当组织负责安全管理的主管人员、学校校长、幼儿园园长和学校负责安全保卫工作的人员，定期接受有关安全管理培训。

第四十五条　学校应当制定教职工安全教育培训计划，通过多种途径和方法，使教职工熟悉安全规章制度、掌握安全救护常识，学会指导学生预防事故、自救、逃生、紧急避险的方法和手段。

第四十六条　学生监护人应当与学校互相配合，在日常生活中加强对被监护人的各项安全教育。

学校鼓励和提倡监护人自愿为学生购买意外伤害保险。

## 第六章　校园周边安全管理

第四十七条　教育、公安、司法行政、建设、交通、文化、卫生、工商、质检、新闻出版等部门应当建立联席会议制度，定期研究部署学校安全管理工作，依法维护学校周边秩序；通过多种途径和方式，听取学校和社会各界关于学校安全管理工作的意见和建议。

第四十八条　建设、公安等部门应当加强对学校周边建设工程的执法检查，禁止任何单位或者个人违反有关法律、法规、规章、标准，在学校围墙或者建筑物边建设工程，在校园周边设立易燃易爆、剧毒、放射性、腐蚀性等危险物品的生产、经营、储存、使用场所或者设施以及其他可能影响学校安全的场所或者设施。

第四十九条　公安机关应当把学校周边地区作为重点治安巡逻区域，在治安情况复杂的学校周边地区增设治安岗亭和报警点，及时发现和消除各类安全隐患，处置扰乱学校秩序和侵害学生人身、财产安全的违法犯罪行为。

第五十条　公安、建设和交通部门应当依法在学校门前道路设置规范的交通警示标志，施划人行横线，根据需要设置交通信号灯、减速带、过街天桥等设施。

在地处交通复杂路段的学校上下学时间，公安机关应当根据需要部署警力或者交通协管人员维护道路交通秩序。

第五十一条　公安机关和交通部门应当依法加强对农村地区交通工具的监督管理，禁止没有资质的车船搭载学生。

第五十二条　文化部门依法禁止在中学、小学校园周围200米范围内设立互联网上网服务营业场所，并依法查处接纳未成年人进入的互联网上网服务营业场所。工商行政管理部门依法查处取缔擅自设立的互联网上网服务营业场所。

第五十三条　新闻出版、公安、工商行政管理等部门应当依法取缔学校周边兜售非法出版物的游商和无证照摊点，查处学校周边制售含有淫秽色情、凶杀暴力等内容的出版物的单位和个人。

第五十四条　卫生、工商行政管理部门应当对校园周边饮食单位的卫生状况进行监督，取缔非法经营的小卖部、饮食摊点。

## 第七章　安全事故处理

第五十五条　在发生地震、洪水、泥石流、台风等自然灾害和重大治安、公共卫生突发事件时，教育等部门应当立即启动应急预案，及时转移、疏散学生，或者采取其他必要防护措施，保障学校安全和师生人身财产安全。

第五十六条　校园内发生火灾、食物中毒、重大治安等突发安全事故以及自然灾害时，学校应当启动应急预案，及时组织教职工参与抢险、救助和防护，保障学生身体健康和人身、财产安全。

第五十七条　发生学生伤亡事故时，学校应当按照《学生伤害事故处理办法》规定的原则和程序等，及时实施救助，并进行妥善处理。

第五十八条　发生教职工和学生伤亡等安全事故的，学校应当及时报告主管教育行政部门和政府有关部门；属于重大事故的，教育行政部门应当按照有关规定及时逐级上报。

第五十九条　省级教育行政部门应当在每年1月31日前向国务院教育行政部门书面报告上一年度学校安全工作和学生伤亡事故情况。

### 第八章　奖励与责任

第六十条　教育、公安、司法行政、建设、交通、文化、卫生、工商、质检、新闻出版等部门，对在学校安全工作中成绩显著或者做出突出贡献的单位和个人，应当视情况联合或者分别给予表彰、奖励。

第六十一条　教育、公安、司法行政、建设、交通、文化、卫生、工商、质检、新闻出版等部门，不依法履行学校安全监督与管理职责的，由上级部门给予批评；对直接责任人员由上级部门和所在单位视情节轻重，给予批评教育或者行政处分；构成犯罪的，依法追究刑事责任。

第六十二条　学校不履行安全管理和安全教育职责，对重大安全隐患未及时采取措施的，有关主管部门应当责令其限期改正；拒不改正或者有下列情形之一的，教育行政部门应当对学校负责人和其他直接责任人员给予行政处分；构成犯罪的，依法追究刑事责任：

（一）发生重大安全事故、造成学生和教职工伤亡的；

（二）发生事故后未及时采取适当措施、造成严重后果的；

（三）瞒报、谎报或者缓报重大事故的；

（四）妨碍事故调查或者提供虚假情况的；

（五）拒绝或者不配合有关部门依法实施安全监督管理职责的。

《中华人民共和国民办教育促进法》及其实施条例另有规定的，依其规定执行。

第六十三条　校外单位或者人员违反治安管理规定、引发学校安全事故的，或者在学校安全事故处理过程中，扰乱学校正常教育教学秩序、违反治安管理规定的，由公安机关依法处理；构成犯罪的，依法追究其刑事责任；造成学校财产损失的，依法承担赔偿责任。

第六十四条　学生人身伤害事故的赔偿，依据有关法律法规、国家有关规定以及《学生伤害事故处理办法》处理。

第九章　附则

第六十五条　中等职业学校学生实习劳动的安全管理办法另行制定。

第六十六条　本办法自2006年9月1日起施行。

# 后 记

　　为落实全国教育大会精神，做好《关于完善安全事故处理机制 维护学校教育教学秩序的意见》宣传解读和贯彻实施工作，推动地方和各级各类学校构建学校安全的管理链条与治理体系，教育部政策法规司与中国教育科学研究院组织编写了本书，供各地各校工作中参考。

　　教育部政策法规司负责同志对编写工作做了全程指导、审定，政策法规司有关同志参与了文稿的修改。中国教育科学研究院负责同志对本书的编写工作给予了大力支持，中国教育科学研究院马雷军、田凤、王许人、周文娟、鲁幽、王建洲，山西师范大学教育科学学院董新良、闫领楠、彭学琴、张一晨，陕西师范大学教育科学学院关志康，广西师范大学教育学部徐双、高玉建，河北省张家口市教育局崔祥烈，北京市冠衡律师事务所雷思明，山东省高密市教育科学研究院解立军参与了本书的编写工作，全书由马雷军进行统稿。北京师范大学、西北政法大学教育立法研究基地对本书的修改完善提出了许多宝贵的意见建议。北京市房山区燕山教育委员会、吉林省长春市二道区教育局、福建省泉州市教育局、广西壮族自治区柳州市教育局、重庆市教育委员会、四川省乐山市井研县教育局开展了依法治理"校闹"的试点探索，总结了丰富的地方经验，本书选用了其中部分经验和典型案例。教育科学出版社郑豪杰社长对本书的出版工作给予了大力支持，池春燕编辑与其他同志为本书的审读和编辑工作付出了许多努力。对参与本书编写、出版的同志以及相关单位表示衷心感谢！

本书编写组
2022 年 6 月

出 版 人　郑豪杰
策划编辑　池春燕
责任编辑　闫　景
版式设计　沈晓萌
责任校对　贾静芳
责任印制　叶小峰

**图书在版编目（CIP）数据**

学校安全事故预防与处理指导手册/教育部政策法规司　中国教育科学研究院组织编写.—北京：教育科学出版社，2022.6（2024.12重印）
ISBN 978-7-5191-2719-0

Ⅰ.①学… Ⅱ.①教…②中… Ⅲ.①学校管理—安全管理—事故预防—手册②学校管理—安全管理—事故处理—手册 Ⅳ.①G474-62

中国版本图书馆CIP数据核字（2021）第160601号

学校安全事故预防与处理指导手册
XUEXIAO ANQUAN SHIGU YUFANG YU CHULI ZHIDAO SHOUCE

| 出 版 发 行 | 教育科学出版社 | | |
|---|---|---|---|
| 社　　　址 | 北京·朝阳区安慧北里安园甲9号 | 邮　　编 | 100101 |
| 总编室电话 | 010-64981290 | 编辑部电话 | 010-64989593 |
| 出版部电话 | 010-64989487 | 市场部电话 | 010-64989009 |
| 传　　　真 | 010-64891796 | 网　　址 | http://www.esph.com.cn |
| 经　　　销 | 各地新华书店 | | |
| 制　　　作 | 北京京久科创文化有限公司 | | |
| 印　　　刷 | 保定市中画美凯印刷有限公司 | | |
| 开　　　本 | 720毫米×1020毫米　1/16 | 版　　次 | 2022年6月第1版 |
| 印　　　张 | 11.5 | 印　　次 | 2024年12月第6次印刷 |
| 字　　　数 | 143千 | 定　　价 | 35.00元 |

图书出现印装质量问题，本社负责调换。